아주 보통의 하루노트

정서지능 향상 훈련 100일 코칭 프로젝트

강혜옥 지음

넌참예뻐

"
꽃은 꽃답게,
당신은 당신답게
"

이 세상에 단 하나뿐인

소중하고 매력적인 _____ 님께

아주 보통의 하루노트를

선물합니다.

차례

아주 보통의 하루노트가 태어난 배경 4

아보하 노트 활용법 세 가지 8

아보하 노트의 구성 10

우리의 '몸과 마음 살피기'를 해야 하는 이유 12

100일 수행을 시작하기 전, 삶의 균형 점검해 보아요 16

변화를 이끄는 질문의 힘 40

모든 감정은 소중합니다 62

긍정적 에너지를 관리해야 하는 이유 106

이 순간에 집중하기 128

온전한 휴식은 나를 위한 배려 150

노력의 가치, 내가 변하는 것 172

나와 결이 맞는 사람 194

습관의 힘을 믿으세요 216

당신은 충분히 잘하고 있습니다 238

아주 보통의 하루노트가 태어난 배경

하루노트는 많은 분의 요청으로 탄생했습니다. 정서지능 교육을 받으신 분들께서 교육 시간 외에도 활용할 수 있는 방법이나 도구가 필요하다고 이야기하셨거든요. 그래서 혼자만의 시간을 더 의미 있게 만들어 줄 수 있는 한 권의 노트를 만들게 되었습니다.

정서지능은 현대인에게 꼭 개발과 훈련이 필요한 역량이에요. AI가 절대 범접할 수 없는 인간다움이 앞으로의 경쟁력이기 때문이지요.

정서지능의 첫걸음이자 핵심은 바로 자기인식입니다. 자기인식은 말 그대로 '내가 나를 잘 아는 것'이지요. 내가 지금 어떤 감정을 느끼고 있고, 그 감정이 내 생각과 행동에 어떤 영향을 미치는지를 알아차리는 겁니다. 또, 내 강점과 약점을 있는 그대로 받아들이고, 가끔은 스스로 따끔한 피드백을 주면서 발전해 가는 힘이기도 해요. 나이가 들수록 이런 자기인식 능력은 더 깊어질 수 있답니다. 어릴 때는 경험이 적고 뇌도 완전히 발달하지 않아서 내 마음을 알아차리기가 좀 어려울 수밖에 없거든요.

자기인식이 높다는 건 나를 잘 돌볼 수 있는 힘을 가졌다는 뜻입니다. 불안이 큰 사람도 자기 자신에게 주의를 기울이지만, 특정 문제에 너무 몰두한 나머지 다른 상황은 놓치기 쉬워요. 반대로 건강한 사람은 자기에게 집중하면서도 필요할 때 다른 데로 주의를 돌릴 수 있는 여유를 가지고 있어요.

내가 나를 잘 알고, 객관적으로 평가할 수 있으면 더 건강한 자신감을 가질 수 있어요. 무턱대고 '난 잘해!'라고 생각하는 것보다 나에게 솔직하게 다가가는 연습이 필요하지요. 그렇게 해야 자신감도 오래오래 유지될 수 있답니다.

자기인식을 기르는 연습은 정서지능 훈련의 시작이자 건강한 자존감의 기초입니다. 내 특성을 이해하고, 지금 느끼는 감정을 알아차리며, 남들에게 어떻게 보이는지 잘 인식하는 사람은 더 자신감 있고 유능해 보이거든요. 직장에서도 인정받을 가능성이 크고요.

이렇게 여러 방면에서 중요한 역할을 하는 자기인식! 여러분은 과연 자신을 얼마나 객관적으로 알고 계신가요?

사실 우리의 기억은 가끔 오류와 왜곡에 흔들리곤 합니다. 기억은 그냥 정보를 저장하는 창고가 아니라 끊임없이 재구성되는, 살아 있는 과정이기 때문이지요. 그래서 자기인식에도 영향을 미칠 수 있어요. 기억이 왜곡되면 스스로를 제대로 이해하지 못하거나, 자신의 경험을 과대평가하거나 과소평가하기도 하거든요.

자신에 대해 확인할 수 있는 정보는 크게 두 가지가 있어요.

첫째, 타인의 견해를 참고하는 것입니다. 다만, 지나치게 타인의 의견에만 의존해서는 안 된다는 걸 기억해야 해요. 자기인식을 잘 하는 사람들은 보통 믿을 만한 3~5명에게 자신에 대한 피드백을 구해요. 이들은 누군가 비록 힘든 상황에 놓여 있을 때라고 해도 진실을 말해준 경험이 있는 사람들이어야 해요.

둘째, 자신을 꾸준히 탐구하는 것이에요. 여기서 '꾸준히'가 중요해요. 계속되는 자기반성이 있어야 하기 때문이지요.

하루노트는 여러분이 스스로를 탐구할 수 있는 도구로 유용하답니다. 하루 30분, 유익한 '셀프 코칭 타임'을 자신에게 선물해 주세요.

아보하 노트 활용법 세 가지
어떤 방법을 선택할지 네모에 체크해보세요

☐

100일 동안 매일 꾸준하게 사용하면서 긍정습관 만들기
"하루 중 언제가 가장 편안하세요?"

....

☐

매주 특정 요일을 지정해서 힐링데이 만들기
"일주일 중 어느 요일과 시간이 가장 편안하세요?"

....

☐

고된 하루를 반전시키고 싶은 특별한 날 만들기
"하루를 기록하고 싶은 날에 언제든 들러주세요!"

....

"

무엇이든 꾸준히 하려면 실행가능한 계획과 의지가 중요해요.
당신이 즐겁게 해낼 수 있는 방법으로 기분 좋게 시작해보세요.
응원할게요!

"

아주
보통의
하루노트

100일을 달성하는 날!

끝까지 해낸 스스로에게
어떤 선물을 주고 싶으세요?

글로 적거나, 그림을 그리거나,
이미지를 찾아 붙여주세요!

아보하 노트의 구성

코칭 질문 [1~8일차]

매일 신선하고 유쾌한 코칭 질문을 드려요.
스스로에게 질문하고 답하는 시간은 내면의 목소리를 듣고
나 자신을 깊이 이해하는 소중한 기회거든요.
편안한 마음으로 충분히 생각하고 느낀 후,
진솔한 답변을 하면서 스스로를 더 깊이 이해하는 여정을 즐겨보세요.

감정 발견 질문 [9일차]

열흘에 한 번, 감정 발견 질문을 드려요.
감정을 있는 그대로 바라보고 수용하는 것만으로도 도움이 됩니다.
때로는 미처 인식하지 못했던 감정을 마주하며,
그 감정의 원인과 영향을 탐구하는 과정에서
자신의 진짜 생각과 가치관, 욕구를 발견할 수 있을 거예요.

인정과 축하의 메시지 [10일차]

따뜻한 격려는 끝까지 해낼 수 있는 동력이에요.
지금까지 걸어온 길을 돌아보며 자신에게 진심 어린 칭찬을 건네 보세요.
스스로의 성취와 노력, 작은 변화들까지 인정하고 축하할 때 우리는 더욱
성장하고 자신감을 얻게 됩니다.

날짜 :   〔오늘의 감정을 1점에서 10점까지 중에서 표시해주세요.〕   날씨 : 흐리고 바람이 불었다   〔오늘의 날씨를 기록해주세요.〕

감정 : 😣😖😟😕😐🙂😊😄😁🤩
     1 2 3 4 5 6 7 8 9 10

오늘 감정의 이름 세상 평온이   〔오늘 감정의 이름을 기록해주세요.〕

❀ 세상에 하나뿐인 소중한 나를 살피고 챙겨주세요.

몸챙김

〔소중한 우리의 몸이 오늘 어떤 하루를 보냈는지 기록해주세요.〕

수면시간 : 7시간   아침메뉴 : 닭가슴살 샌드위치 반쪽

수분섭취 : 커피 1, 오렌지 주스 1, 물 6컵   점심메뉴 : 주꾸미덮밥, 반찬

운동 : 산책 한 시간   저녁메뉴 : 족발, 쟁반국수, 김치부침개

영양제 : 종합비타민, 오메가3   간식 : 당근케이크 반쪽, 커피 한 잔

총평 : 이것저것 많이 먹었지만 건강한 하루! 내일은 오늘보다 가볍게 먹기.

마음챙김

〔우리의 마음을 살피고 기록해주세요.〕

자기자랑	다이어리 꾸준히 쓰기, 이어폰 사용량 줄이기, 한시간 산책하기 너무 잘 하고 있어! 다른 사람들의 이야기를 잘 들어주고 웃으면서 대화하는 모습 넘 예뻐!
알아차림	눈앞의 문제를 빨리 해결하고 싶어하는 마음, 잘 하고 싶은 마음, 그래서 불안하고 초조한 마음을 알아차림. 토닥토닥.
좋아하는 것	○○이와의 대화, 김치부침개, 따뜻한 아메리카노, 빗소리

 하루를 정리하며 감사한 일들을 찾아보세요.   〔감사한 일을 찾아서 기록해주세요.〕

- 오늘도 무사히 보낼 수 있음에 감사합니다.
- 원하는 음식을 마음껏 먹을 수 있는 돈과 시간이 주어짐에 감사합니다.
- 가족 모두 평온한 일상을 누림에 감사합니다.
- 글씨를 쓸 수 있는 건강한 몸과 마음이 있어 감사합니다.
- 따뜻하게 쉴 수 있는 내 방이 있어 감사합니다.

우리의 '몸과 마음 살피기'를 해야 하는 이유

우리 몸과 마음은 밀접하게 연결되어 있어요. 몸이 건강해야 마음도 편안하고, 반대로 마음이 안정되면 몸도 더 건강해질 수 있습니다. 스트레스가 쌓이면 두통이나 소화불량 같은 증상이 나타나기도 하지요. 이런 신호를 무시하지 않고 잘 살펴보는 것이 중요해요.

또한, 마음을 돌보는 것은 자기 자신을 사랑하는 방법이에요. 요즘은 바쁜 일상 속에서 자신을 돌보는 시간을 갖기 어려운 경우가 많지요. 일상 속에서 명상이나 산책, 좋아하는 취미 활동을 하며, 마음의 여유를 찾는 것이 삶의 활력을 유지하는 데 큰 도움이 됩니다.

마음을 잘 관리하면 긍정적인 감정을 느끼고, 인간관계도 더욱 풍요로워질 수 있어요. 우리가 서로 소통하고 연결되는 방식이 달라지기 때문이지요. 그래서 우리 몸과 마음을 주의 깊게 살펴보는 것은, 더 행복하고 건강한 삶을 사는 데 중요한 요소랍니다.

자기사랑

스스로를 아껴주고 존중하는 것은 마음의 건강을 지키는 데 큰 도움이 됩니다. 매일 자신의 강점과 탁월한 점, 잘한 점들을 찾아서 기록해 보세요. 다른 사람의 말을 잘 들어준 것, 식구를 위해 식사 준비한 것, 좋은 목소리 등 하나씩 발견해 보는 거예요. 사랑하는 사람의 좋은 점을 찾아주듯 말이에요. 작은 실천이지만, 이렇게 자신의 강점을 찾고 스스로에게 친절을 베풀면 하루하루가 더 밝아질 겁니다. 자신을 사랑하는 마음이 커지면, 자연스럽게 다른 사람과의 관계에서도 여유가 생겨납니다.

알아차림

알아차림은 현재의 순간을 살아가는 연습이에요. 바쁜 일상 속에서 우리는 종종 지나치기 쉬운 작은 것들, 예를 들어 오늘 느꼈던 따뜻한 햇살이나 부드러운 바람 같은 것들을 놓치곤 해요. 마음이 복잡했다면 자신이 어떤 기분인지, 무엇을 느꼈는지를 살펴보는 시간을 가져보세요. 이렇게 알아차림의 시간을 가지면 마음의 소란이 가라앉고, 더 많은 평화를 느낄 수 있답니다.

좋아하는 것

자신이 좋아하는 것을 적는 것은 정말 기분 좋은 일이에요. 하루 중 좋아하는 활동이나 작은 행복을 적어보세요. 예를 들어 맛있는 커피, 좋아하는 음악이나 음식, 사람이 될 수도 있겠네요. 일상 속 소소한 즐거움들을 이렇게 적다 보면, 내가 무엇을 진정으로 좋아하는지를 깨닫고, 그걸 더 많이 실천하고 싶어질 거예요. 좋아하는 것을 기록하는 건 마음의 기쁨을 더하는 방법이에요.

이렇게 자기 사랑, 알아차림, 그리고 좋아하는 것을 적는 것이 우리 마음을 관리하는 데 큰 힘이 돼요. 부디 여러분도 이 작은 습관으로 스스로를 더 사랑하고, 매일의 행복을 느껴보세요. 언제나 응원할게요!

감사일기를 쓰면 좋은 점
저는 2014년부터 매년 100일 수행 감사일기를 쓰기 시작했어요. 그 여정에서 많은 변화를 경험했답니다. 처음에는 같은 내용이 반복되는 것 같고, 쓸 게 없어서 세 줄 쓰는 것도 힘들었어요. 지금은 감사한 일들을 금방 10개 이상 찾을 수 있어요. 건강하게 걸어 다니는 것, 가족의 평안함, 이렇게 글을 쓸 수 있는 것, 이 모든 것이 정말 소중한 순간들이라는 걸 금세 알아차릴 수 있게 되었거든요.

감사일기는 단순히 긍정적인 생각을 기록하는 것 이상의 의미가 있어요. 우리 뇌의 감정을 담당하는 편도체를 안정화하는 데 정말 효과적이지요. 인간은 본래 부정적인 편향을 갖고 태어나기 때문에, 부정적인 말이나 행동이 우리의 감정을 흔들기 쉽거든요. 특히 부정적인 말과 행동이 습관이 된 사람은 작은 자극에도 분노와 스트레스를 느끼는 경우가 많아요.

부정적인 것은 에너지가 강해서 긍정적인 정보가 다섯 배 이상은 연속적으로 들어와야 간신히 사라져요. 의식적으로 긍정적 정보를 우리 뇌에 인식시켜 줄 수 있는 방법이 감사일기예요. 비유하자면, 더러운 물이

담긴 컵에 깨끗한 물을 계속 부어주면 결국 깨끗한 물 잔으로 바뀌듯이, 감사일기를 쓰면 우리의 마음도 차츰 긍정적으로 변화하게 됩니다. 일상에서 감사함을 찾는 연습을 하다 보면, 작은 것에서도 행복을 느끼는 법을 배우게 될 거예요.

교육하면서 만났던 분 중에 감사일기를 실천하게 되면서 달라진 사례도 많이 있었어요. 자주 화가나고 우울한 감정을 느꼈던 청년이 있었어요. 감사일기를 쓰고 나서 '운전을 하다가 끼어들기 하는 버스 차량에 그럴 수도 있지' 하며 넘기는 스스로를 발견하며 '놀라웠다'는 이야기를 전해주었어요. 저 또한 힘든 하루를 보낸 끝에 감사일기를 적다보면 '내 삶이 꽤 괜찮구나'라는 마음의 평화와 안정을 얻게 되는 신비함을 여전히 느낀답니다.
이렇게 감사일기로 긍정적인 마음가짐을 키우면, 더 나은 삶을 살 수 있다는 것을 확신해요.

감사일기를 쓸 때는 긍정적인 단어와 동사완성형으로 적어주세요.
예를 들어 '오늘 괴로운 일이 없어서 감사합니다'가 아니라 '오늘 평안한 하루를 보낼 수 있어서 감사합니다'로 적는 것이지요. 우리의 뇌는 뒤에 '없어서'는 무시하고 '괴로움'이라는 명사나 동사를 그대로를 받아들이거든요.
여러분도 일상 속에서 감사한 순간들을 찾아 100일 동안 적어보세요.
그 효과가 얼마나 대단한지 직접 경험하게 될 거예요!

100일 수행을 시작하기 전,
우리 삶의 균형을 점검해 보아요

사랑, 건강, 재정 어느 하나 중요하지 않은 것은 없어요. 삶에 필요한 모든 것들이 균형을 이뤄야 우리의 뇌가 지치지 않거든요.
'쇠사슬의 법칙'이라는 말이 있지요. 아무리 튼튼한 쇠사슬이라도 한 고리가 녹슬면 전체가 끊어질 수 있어요. 우리 삶에서도 한 가지에만 지나치게 집중하면 균형을 잃고 무너지는 경우가 많아요. 그래서 균형을 맞추면서 적절하게 굴러가는 것이 오래가는 비법입니다.

이때 활용할 수 있는 체계적이고 유익한 도구가 있는데요. 바로 라이프 밸런스 휠 (Life Balance Wheel)입니다. 이 휠을 작성하면 세 가지 좋은 효과를 얻을 수 있답니다.

1. 현재 상태를 정확히 파악할 수 있어요.
   다양한 삶의 영역을 돌아보면서 내가 부족한 부분이 어디인지 알 수 있어요. 이로 인해 지금 어디에 머물고 있고 앞으로 어떤 방향으로 나아가야 할 지 명확해집니다.

2. 새로운 목표를 설정할 수 있어요.
   집중해야 할 영역이 보이면, 그에 맞춘 구체적이고 실질적인 목표를 세울 수 있어요.

3. 전체적인 삶의 균형을 맞출 수 있어요.

특정 영역에만 치우치지 않고 전반적인 균형을 잡을 수 있어요.

그럼 하나씩 살펴볼까요?

① 건강(Health)

신체적, 정신적 건강 상태를 의미합니다. 운동, 영양, 수면, 정신적 웰빙 등을 포함합니다.

② 재정(Finance)

재정적 안정과 부를 관리하는 능력입니다. 예산 관리, 저축, 투자 등이 포함됩니다.

③ 직업/커리어(Career)

현재의 직업적 만족도, 경력 개발, 직업적인 성취도를 나타냅니다.

④ 가족 (Family)

가족 구성원들과의 관계, 의사소통, 지지 체계 등을 의미합니다.

⑤ 인간관계(Relationships)

친구, 동료, 연인 등과의 사회적 관계를 의미합니다. 인간관계에서 지지와 피드백을 받는 정도에 대한 만족도를 기재하시면 됩니다.

⑥ 개인 발전(Personal Growth)

학습, 취미, 자기 개발 등 개인적으로 성장할 수 있는 활동을 의미합니다.

⑦ 여가/취미 (Fun&Recreation)

즐거움을 주는 활동, 취미 생활, 휴식 등을 의미합니다. 취미와 여가는 스트레스를 해소하고, 다시 일이나 다른 중요한 과제에 집중할 수 있는 재충전의 기회를 제공합니다.

⑧ 물리적 환경(Environment)

자신의 생활환경, 집이나 직장의 물리적 환경을 포함합니다. 깨끗하고 정돈된 환경은 심리적 안정감을 주고, 더 나은 집중력과 생산성을 유지하는 데 도움을 줍니다.

작성일자: 20   년   월   일

자, 이제 여러분의 삶의 균형을 살펴보기로 해요.
10점 만점 중, 현재 나의 수준에 점을 찍어서 연결해보세요.

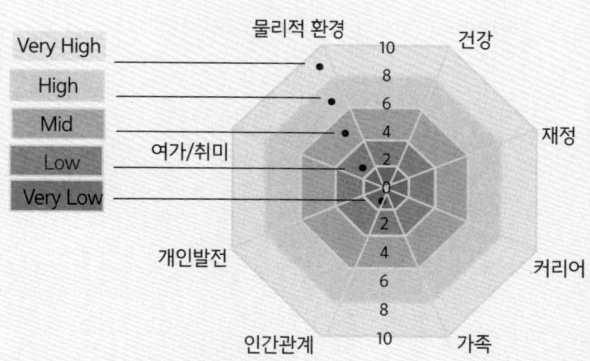

가장 우선적으로 채워야 하는 영역은 어디인가요?

무엇을 실천해보시겠어요?

1.

2.

3.

DAY

 오늘의 질문

Q 최근 깔깔깔 하고 크게 웃어본 건 언제인가요?

Q 무엇 때문이에요?

Q 누구와 함께 계셨나요?

날짜 :　　　　　　　　　　　　　날씨 :

감정 😟 ○ ○ ○ ○ 😐 ○ ○ ○ ○ 😄　　오늘 감정의 이름 :
　　　1　2　3　4　5　6　7　8　9　10

❀ 세상에 하나뿐인 소중한 나를 살피고 챙겨주세요.

(몸챙김)

수면시간 :　　　　　　　　　　　아침메뉴 :

수분섭취 :　　　　　　　　　　　점심메뉴 :

운동 :　　　　　　　　　　　　　저녁메뉴 :

영양제 :　　　　　　　　　　　　간식 :

총평 :

(마음챙김)

자기자랑 :

알아차림 :

좋아하는 것 :

☕ 하루를 정리하며 감사한 일들을 찾아보세요.

-
-
-

DAY 2 오늘의 질문

Q 아주 보통의 하루일기를 쓰면서
스스로에게 어떤 변화가 생기길 바라세요?

Q 끝까지 해내기 위한
당신만의 방법은 무엇인가요?

날짜 :　　　　　　　　　　　　　　날씨 :

감정 😟○○○○🙂○○○○😁　　오늘 감정의 이름 :
　　1　2　3　4　5　6　7　8　9　10

❀ 세상에 하나뿐인 소중한 나를 살피고 챙겨주세요.

(몸챙김)

수면시간 :　　　　　　　　　　　아침메뉴 :

수분섭취 :　　　　　　　　　　　점심메뉴 :

운동 :　　　　　　　　　　　　　저녁메뉴 :

영양제 :　　　　　　　　　　　　간식 :

총평 :

(마음챙김)

자기자랑 :

알아차림 :

좋아하는 것 :

☕ 하루를 정리하며 감사한 일들을 찾아보세요.

-
-
-

DAY 오늘의 질문

Q 지금까지 들었던 칭찬 중에 가장 기억에 남는 말은 무엇인가요?

Q 그 이유는요?

Q 누가 칭찬해주었나요?

날짜 :   날씨 :

감정 😖○○○○☺○○○○😄   오늘 감정의 이름 :
     1 2 3 4 5 6 7 8 9 10

❀ 세상에 하나뿐인 소중한 나를 살피고 챙겨주세요.

(몸챙김)

수면시간 : ....   아침메뉴 : ....
수분섭취 : ....   점심메뉴 : ....
    운동 : ....   저녁메뉴 : ....
  영양제 : ....   간식 : ....
    총평 : ....

(마음챙김)

자기자랑 : ....
....
 알아차림 : ....
....
좋아하는 것 : ....

☕ 하루를 정리하며 감사한 일들을 찾아보세요.

−
−
−

25

DAY

 오늘의 질문

Q 언제, 무엇을 할 때
  에너지가 뿜뿜 생기나요?

날짜 :   날씨 :

감정 😞 ○ ○ ○ ○ ☺ ○ ○ ○ ○ 😃   오늘 감정의 이름 :
　　 1 2 3 4 5 6 7 8 9 10

❀ 세상에 하나뿐인 소중한 나를 살피고 챙겨주세요.

(몸챙김)

수면시간 : _____   아침메뉴 : _____

수분섭취 : _____   점심메뉴 : _____

　　운동 : _____   저녁메뉴 : _____

　영양제 : _____   　　간식 : _____

　　총평 : _____

(마음챙김)

자기자랑 : _____
_____

알아차림 : _____
_____

좋아하는 것 : _____

☕ 하루를 정리하며 감사한 일들을 찾아보세요.

-
-
-

DAY

 5 오늘의 질문

Q 지난 일주일 동안 했던
착한 일 세 가지를 찾아볼까요?

날짜 :　　　　　　　　　　　　　　　날씨 :

감정 😀 ○ ○ ○ ○ 🙂 ○ ○ ○ ○ 😄　　오늘 감정의 이름 :
　　　1　2　3　4　5　6　7　8　9　10

❀ 세상에 하나뿐인 소중한 나를 살피고 챙겨주세요.

(몸챙김)

수면시간 :　　　　　　　　　　　아침메뉴 :

수분섭취 :　　　　　　　　　　　점심메뉴 :

운동 :　　　　　　　　　　　　저녁메뉴 :

영양제 :　　　　　　　　　　　　간식 :

총평 :

(마음챙김)

자기자랑 :

알아차림 :

좋아하는 것 :

☕ 하루를 정리하며 감사한 일들을 찾아보세요.

-
-
-

DAY

 6 오늘의 질문

Q 요즘 나의 마음을 표현하는
단어는 무엇인가요?

Q 그 이유는요?

날짜 :   날씨 :

감정 😋 ○ ○ ○ ○ ☺ ○ ○ ○ ○ 😄   오늘 감정의 이름 :
   1 2 3 4 5 6 7 8 9 10

❀ 세상에 하나뿐인 소중한 나를 살피고 챙겨주세요.

(몸챙김)

수면시간 :   아침메뉴 :

수분섭취 :   점심메뉴 :

운동 :   저녁메뉴 :

영양제 :   간식 :

총평 :

(마음챙김)

자기자랑 :

알아차림 :

좋아하는 것 :

☕ 하루를 정리하며 감사한 일들을 찾아보세요.

－

－

－

31

DAY

 오늘의 질문

Q 시간과 돈이 충분하다면
무엇에 도전해보고 싶은가요?

Q 그 이유는요?

날짜 :   날씨 :

감정 😞 ○ ○ ○ ○ 😐 ○ ○ ○ ○ 😄   오늘 감정의 이름 :
　　 1　2　3　4　5　6　7　8　9　10

❀ 세상에 하나뿐인 소중한 나를 살피고 챙겨주세요.

(몸챙김)

수면시간 :   아침메뉴 :
수분섭취 :   점심메뉴 :
　운동 :   저녁메뉴 :
영양제 :   간식 :
　총평 :

(마음챙김)

자기자랑 :

알아차림 :

좋아하는 것 :

☕ 하루를 정리하며 감사한 일들을 찾아보세요.

—

—

—

DAY

 오늘의 질문

Q 내 인생에서 가장 고마운 사람은
   누구인가요?

Q 그 이유는요?

날짜 :　　　　　　　　　　　날씨 :

감정 😊○○○○☺○○○○😄　　오늘 감정의 이름 :
　　1　2　3　4　5　6　7　8　9　10

❀ 세상에 하나뿐인 소중한 나를 살피고 챙겨주세요.

(몸챙김)

수면시간 :　　　　　　　　　　아침메뉴 :

수분섭취 :　　　　　　　　　　점심메뉴 :

운동 :　　　　　　　　　　　　저녁메뉴 :

영양제 :　　　　　　　　　　　간식 :

총평 :

(마음챙김)

자기자랑 :

알아차림 :

좋아하는 것 :

☕ 하루를 정리하며 감사한 일들을 찾아보세요.

-
-
-

DAY

감정발견

1. 최근 1주일 동안 주로 느꼈던 감정은 무엇인지 3가지를 찾아서 체크해주세요.

희망 기쁨 사랑 감동 행복 흥분 설렘 만족 뿌듯함 즐거움	7층
감사 자부심 충족 여유 편안함 자신감 안정감 신뢰 안도 호기심	6층
기대 친밀감 낙관 존경 따뜻함 편리함 열정 활기 용기 영감	5층
동경 호감 애정 다정함 친절 소망 꿈 긍정 희열 가벼움	4층
공감 열광 유쾌함 차분함 위로 존중 이해 신선함 안정 보람	3층
미소 기력 새로움 열망 결단력 개방적 깨어남 성취 집중 결심	2층
자극 열정적 가슴 벅참 희망적 용기 긴장감 피로감 부담감 놀람 당혹감	1층
의문 걱정 긴장 불확실 불안 의심 회의감 실망 죄책감 혼란	지하 1층
괴로움 안타까움 상처 분노 질투 외로움 허탈감 무기력 두려움 절망	지하 2층
짜증 답답함 공포 슬픔 고독 한탄 후회 우울 패배감 비탄	지하 3층

2. 주로 몇 층에 있었나요?

3. 그 감정을 느끼게 된 주요 원인은 무엇인가요? (상황, 사람, 또는 환경 중 어떤 요소가 이 감정을 유발했는지 구체적으로 생각해보세요.)

날짜 :　　　　　　　　　　　　날씨 :

감정 😟○○○○🙂○○○○😄　　오늘 감정의 이름 :
　　 1　2　3　4　5　6　7　8　9　10

❀ 세상에 하나뿐인 소중한 나를 살피고 챙겨주세요.

(몸챙김)

수면시간 : ....　아침메뉴 : ....

수분섭취 : ....　점심메뉴 : ....

　　운동 : ....　저녁메뉴 : ....

　영양제 : ....　　간식 : ....

　　총평 : ....

(마음챙김)

자기자랑 : ....

....

알아차림 : ....

....

좋아하는 것 : ....

☕ 하루를 정리하며 감사한 일들을 찾아보세요.

－

－

－

DAY

첫 10일을 완주했어요!
시작이 반이라는 말처럼,
큰 걸음을 내디딘 당신이 정말 자랑스러워요!

앞으로도 꾸준히 이어갈 당신의 여정이 기대돼요!

스스로에게 칭찬 한마디 적어주세요!

날짜 :   날씨 :

감정 😫 ○ ○ ○ ○ 😐 ○ ○ ○ ○ 😊   오늘 감정의 이름 :
　　　1　2　3　4　5　6　7　8　9　10

❀ 세상에 하나뿐인 소중한 나를 살피고 챙겨주세요.

(몸챙김)

수면시간 : ....   아침메뉴 : ....

수분섭취 : ....   점심메뉴 : ....

운동 : ....   저녁메뉴 : ....

영양제 : ....   간식 : ....

총평 : ....

(마음챙김)

자기자랑 : ....
　　　　　..

알아차림 : ....
　　　　　..

좋아하는 것 : ....

☕ 하루를 정리하며 감사한 일들을 찾아보세요.

－

－

－

변화를 이끄는 질문의 힘

지금까지 아보하 노트가 드린 질문에 답을 하시면서 어떠셨나요? 어떤 분은 '재미있다' 말씀하시고, 또 어떤 분은 '생각보다 답하기가 어렵다'고 느끼셨을 거예요. 좋은 질문일수록 우리를 멈추게 하고, 생각하게 하고, 때로는 새로운 길로 이끌어주기도 합니다. 스스로에 대한 탐구가 깊어질수록 질문하는 시간이 더 즐거워질 거예요.

질문은 단순히 답을 찾기 위한 게 아니라, 우리 자신을 더 잘 이해하고 새로운 시각을 열어주는 열쇠입니다. 한번 생각해보세요, 여러분은 '지금 내가 진정 원하는 게 뭘까?' 혹은 '오늘 내가 느꼈던 감정의 이유는 뭘까?'와 같은 질문을 스스로에게 얼마나 자주 하시나요? 이런 질문들은 우리를 더 나은 방향으로 이끌어주는 나침반 같은 역할을 해주는데 말이지요.

왜 질문이 중요할까요?

우리는 입맛에 맞는 콘텐츠를 소비하는데 최적화된 시대를 살고 있어요. 그로 인한 편리함 이면에는 짧은 정보와 빠른 자극에 뇌가 익숙해지면서 점차 깊게 생각하고 조리 있게 말하는 법을 잊어버리게 돼요.

좋은 질문은 뇌의 사고력을 자극해서 더 깊이 생각할 수 있는 힘을 키워줍니다. 문제 해결 능력과 창의성도 높일 수 있어요. 질문에 답을 하는 과정에서 우리는 상황을 더 명확하게 이해할 수 있지요. 감정을 다루고, 과거를 돌아보며, 앞으로 나아갈 길을 구체적으로 그릴 수도 있습니다. 이런 과정은 우리를 성장시키고, 더 나은 선택을 하도록 도와주지요. 꼬리에 꼬리를 무는 질문(꼬꼬질)으로 이어지면, 나에 대해 새로운 정보를 얻는 신비함을 겪기도 합니다.

좋은 질문을 발견하셨다면,
사랑하는 가족과 친구들에게도 공유해보세요.

여러분의 뇌에 성찰과 상상의 공간을 다시 열어주는 것,
이것이 바로 질문의 힘입니다.

오늘도 그 힘을 느껴보세요.
여러분에게 기분 좋은 변화를 가져다줄 거예요.

DAY

 오늘의 질문

Q 살면서 가장 잘했다고
  생각하는 것은 무엇인가요?

날짜 :　　　　　　　　　　　날씨 :

감정 ☹ ○ ○ ○ ○ ☺ ○ ○ ○ ○ 😄　　오늘 감정의 이름 :
　　　1　2　3　4　5　6　7　8　9　10

❀ 세상에 하나뿐인 소중한 나를 살피고 챙겨주세요.

몸챙김

수면시간 :　　　　　　　　　　아침메뉴 :
수분섭취 :　　　　　　　　　　점심메뉴 :
　운동 :　　　　　　　　　　　저녁메뉴 :
영양제 :　　　　　　　　　　　　간식 :
　총평 :

마음챙김

자기자랑 :

알아차림 :

좋아하는 것 :

☕ 하루를 정리하며 감사한 일들을 찾아보세요.

-
-
-

DAY

 12   오늘의 질문

Q 일(학업)을 하면서 가장 보람을 느꼈던 때는
   언제였나요?

날짜 :　　　　　　　　　　　날씨 :

감정 😋 ○ ○ ○ ○ ☺ ○ ○ ○ ○ 😄　　오늘 감정의 이름 :
　　　1　2　3　4　5　6　7　8　9　10

❀ 세상에 하나뿐인 소중한 나를 살피고 챙겨주세요.

(몸챙김)

수면시간 : ....　　아침메뉴 : ....

수분섭취 : ....　　점심메뉴 : ....

운동 : ....　　저녁메뉴 : ....

영양제 : ....　　간식 : ....

총평 : ....

(마음챙김)

자기자랑 : ....
....

알아차림 : ....
....

좋아하는 것 : ....

☕ 하루를 정리하며 감사한 일들을 찾아보세요.

-
-
-

45

DAY

 오늘의 질문

Q 나를 동물로 비유한다면
어떤 동물인가요?

Q 그 이유는요?

날짜 :　　　　　　　　　　　　날씨 :

감정 😊○○○○🙂○○○○😋　　오늘 감정의 이름 :
　　　1　2　3　4　5　6　7　8　9　10

❀ 세상에 하나뿐인 소중한 나를 살피고 챙겨주세요.

(몸챙김)

수면시간 :　　　　　　　　　　아침메뉴 :

수분섭취 :　　　　　　　　　　점심메뉴 :

운동 :　　　　　　　　　　　　저녁메뉴 :

영양제 :　　　　　　　　　　　간식 :

총평 :

(마음챙김)

자기자랑 :

알아차림 :

좋아하는 것 :

☕ 하루를 정리하며 감사한 일들을 찾아보세요.

-

-

-

DAY

 오늘의 질문

Q 기억에 남는 선물이 있다면 무엇인가요?

Q 그 이유는요?

날짜 :　　　　　　　　　　　　　날씨 :

감정 😶○○○○☺○○○○😀　　오늘 감정의 이름 :
　　　1　2　3　4　5　6　7　8　9　10

✿ 세상에 하나뿐인 소중한 나를 살피고 챙겨주세요.

(몸챙김)

수면시간 :　　　　　　　　　　　아침메뉴 :

수분섭취 :　　　　　　　　　　　점심메뉴 :

　　운동 :　　　　　　　　　　　저녁메뉴 :

영양제 :　　　　　　　　　　　　　간식 :

　　총평 :

(마음챙김)

자기자랑 :

알아차림 :

좋아하는 것 :

☕ 하루를 정리하며 감사한 일들을 찾아보세요.

－

－

－

DAY

 오늘의 질문

Q 만약 나와 같은 AI 로봇이 생겼다면,
   어떤 일을 시키고 싶은가요?

Q 그 이유는요?

Q AI가 일할 때 본체인 나는 무엇을 할 건가요?

날짜 :   날씨 :

감정 😟 ○ ○ ○ ○ 🙂 ○ ○ ○ ○ 😄   오늘 감정의 이름 :
　　 1　2　3　4　5　6　7　8　9　10

❀ 세상에 하나뿐인 소중한 나를 살피고 챙겨주세요.

（몸챙김）

수면시간 : ....   아침메뉴 : ....

수분섭취 : ....   점심메뉴 : ....

　　운동 : ....   저녁메뉴 : ....

　영양제 : ....   　　간식 : ....

　　총평 : ....

（마음챙김）

자기자랑 : ....

....

알아차림 : ....

좋아하는 것 : ....

☕ 하루를 정리하며 감사한 일들을 찾아보세요.

－

－

－

DAY

 오늘의 질문

Q 당신을 행복하게 하는 소소한
일상 루틴은 무엇인가요?

날짜 :   날씨 :

감정 😫 ○ ○ ○ ○ 😐 ○ ○ ○ ○ 😄   오늘 감정의 이름 :
　　　1　2　3　4　5　6　7　8　9　10

❀ 세상에 하나뿐인 소중한 나를 살피고 챙겨주세요.

(몸챙김)

수면시간 : _____   아침메뉴 : _____
수분섭취 : _____   점심메뉴 : _____
　　운동 : _____   저녁메뉴 : _____
　영양제 : _____   　　간식 : _____
　　총평 : _____

(마음챙김)

자기자랑 : _____
_____
알아차림 : _____
_____
좋아하는 것 : _____

☕ 하루를 정리하며 감사한 일들을 찾아보세요.

－
－
－

DAY

17 오늘의 질문

Q 가장 중요하게 생각하는 가치
   3가지는 무엇인가요?

날짜 :   날씨 :

감정 😟○○○○🙂○○○○😄   오늘 감정의 이름 :
    1 2 3 4 5 6 7 8 9 10

❀ 세상에 하나뿐인 소중한 나를 살피고 챙겨주세요.

몸챙김

수면시간 :   아침메뉴 :

수분섭취 :   점심메뉴 :

운동 :   저녁메뉴 :

영양제 :   간식 :

총평 :

마음챙김

자기자랑 :

알아차림 :

좋아하는 것 :

☕ 하루를 정리하며 감사한 일들을 찾아보세요.

-

-

-

DAY 오늘의 질문

Q 갑자기 1천만 원이 생겼다면
   이 돈으로 무엇을 하겠어요?

날짜 :   날씨 :

감정 😊○○○○🙂○○○○😁   오늘 감정의 이름 :
　　1 2 3 4 5 6 7 8 9 10

❀ 세상에 하나뿐인 소중한 나를 살피고 챙겨주세요.

(몸챙김)

수면시간 :   아침메뉴 :

수분섭취 :   점심메뉴 :

　운동 :   저녁메뉴 :

영양제 :   간식 :

　총평 :

(마음챙김)

자기자랑 :

알아차림 :

좋아하는 것 :

☕ 하루를 정리하며 감사한 일들을 찾아보세요.

-

-

-

DAY

감정발견

1. 최근 1주일 동안 주로 느꼈던 감정은 무엇인지 3가지를 찾아서 체크해주세요.

희망 기쁨 사랑 감동 행복 흥분 설렘 만족 뿌듯함 즐거움	7층 —
감사 자부심 충족 여유 편안함 자신감 안정감 신뢰 안도 호기심	6층 —
기대 친밀감 낙관 존경 따뜻함 편리함 열정 활기 용기 영감	5층 —
동경 호감 애정 다정함 친절 소망 꿈 긍정 희열 가벼움	4층 —
공감 열광 유쾌함 차분함 위로 존중 이해 신선함 안정 보람	3층 —
미소 기력 새로움 열망 결단력 개방적 깨어남 성취 집중 결심	2층 —
자극 열정적 가슴 벅참 희망적 용기 긴장감 피로감 부담감 놀람 당혹감	1층 —
의문 걱정 긴장 불확실 불안 의심 회의감 실망 죄책감 혼란	지하 1층 —
괴로움 안타까움 상처 분노 질투 외로움 허탈감 무기력 두려움 절망	지하 2층 —
짜증 답답함 공포 슬픔 고독 한탄 후회 우울 패배감 비탄	지하 3층 —

2. 주로 몇 층에 있었나요?

_____

3. 그 감정을 느끼게 된 주요 원인은 무엇인가요? (상황, 사람, 또는 환경 중 어떤 요소가 이 감정을 유발했는지 구체적으로 생각해보세요.)

_____

_____

날짜 :   날씨 :

감정 😊 ○ ○ ○ ○ 😐 ○ ○ ○ ○ 😃   오늘 감정의 이름 :
　　 1　2　3　4　5　6　7　8　9　10

❀ 세상에 하나뿐인 소중한 나를 살피고 챙겨주세요.

(몸챙김)

수면시간 :　　　　　　　　　　　　아침메뉴 :

수분섭취 :　　　　　　　　　　　　점심메뉴 :

　　운동 :　　　　　　　　　　　　저녁메뉴 :

　영양제 :　　　　　　　　　　　　　 간식 :

　　총평 :

(마음챙김)

자기자랑 :

알아차림 :

좋아하는 것 :

☕ 하루를 정리하며 감사한 일들을 찾아보세요.

-

-

-

DAY 20

벌써 20일째!
초심을 다지며 두 번째 마일스톤을 지났네요!
꾸준함이 당신의 강점이군요.
이대로 계속 나아가요!

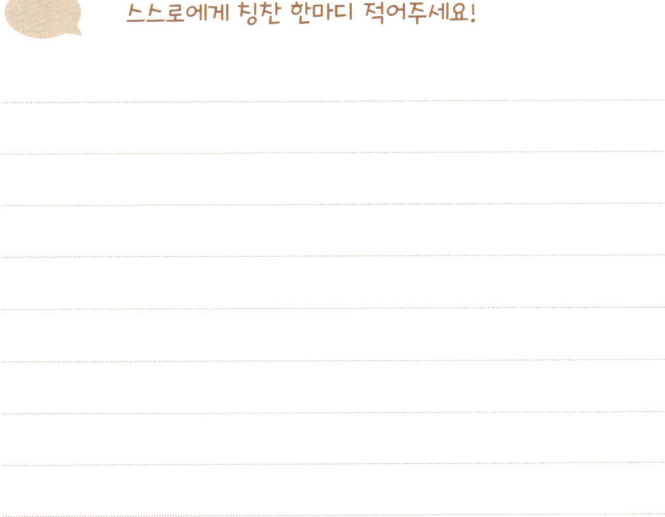

스스로에게 칭찬 한마디 적어주세요!

날짜 :   날씨 :

감정 😀○○○○☺○○○○😊   오늘 감정의 이름 :
　　 1　2　3　4　5　6　7　8　9　10

❀ 세상에 하나뿐인 소중한 나를 살피고 챙겨주세요.

(몸챙김)

수면시간 :　　　　　　　　　　　　아침메뉴 :
수분섭취 :　　　　　　　　　　　　점심메뉴 :
　 운동 :　　　　　　　　　　　　저녁메뉴 :
 영양제 :　　　　　　　　　　　　　 간식 :
　 총평 :

(마음챙김)

자기자랑 :

알아차림 :

좋아하는 것 :

☕ 하루를 정리하며 감사한 일들을 찾아보세요.

－
－
－

모든 감정은 소중합니다

감정의 종류는 참 다양하지요. 기쁨, 슬픔, 분노, 평온함, 때로는 무기력함까지 이 모든 감정은 우리의 삶을 풍요롭게 만드는 중요한 부분입니다. 우리는 종종 '긍정적인 감정'은 좋은 것이고, '부정적인 감정'은 피해야 할 것이라고 생각해요. 하지만 사실은 그렇지 않답니다. 모든 감정은 그 자체로 의미가 있고, 우리를 더 잘 이해하게 해주는 귀중한 도구가 되어줄 수 있어요.

예를 들어 슬픔을 느낄 때 우리는 보통 무언가를 잃었거나 기대했던 대로 되지 않았다는 것을 알아차리게 됩니다. 이 감정은 우리에게 무엇이 중요한지를 깨닫게 해주고, 때로는 더 나은 선택을 할 수 있도록 돕기도 합니다. 분노 역시 마찬가지예요. 분노는 우리가 소중히 여기는 가치가 침해되었을 때 나타나는 감정입니다. 이러한 감정을 무조건 억누르려고 하기보다는, 그 감정이 나에게 무슨 이야기를 하고 있는지를 들어보는 것이 중요합니다.

모든 감정은 우리의 일상에서 중요한 역할을 합니다. 기쁨은 우리에게 감사의 마음을 갖게 하고, 슬픔은 우리에게 위로가 필요함을 알려주며, 분노는 우리가 변화를 원하고 있다는 신호를 줍니다. 감정은 그 자체로 우리 삶의 일기예보와 같아서, 지금 우리가 어떤 상태에 있는지 알려주는 신호라고 생각하면 됩니다. 이 신호를 잘 읽어내고 이해할 수 있다면, 우리는 더 건강하게 자신을 돌볼 수 있게 될 것입니다.

감정을 인정하고 표현하는 것은 우리 자신에게 솔직해지는 과정이에요. 가끔은 부정적인 감정이 찾아올 때, 그것을 무시하거나 억지로 긍정적으로 바꾸려고 하기보다는, 그 감정을 그대로 받아들이고 왜 그런 감정을 느끼게 되었는지 생각해보는 게 중요해요. 예를 들어 '오늘 나는 왜 이렇게 화가 났을까?'라고 스스로에게 물어보세요. 그런 질문으로 우리는 감정의 근원을 파악하고, 그 감정을 건강하게 처리할 수 있는 방법을 찾게 됩니다.

감정 발견 질문은 이 과정을 도와주는 훌륭한 도구입니다. 일주일 동안 여러분이 느낀 감정을 솔직하게 적어보세요. 기뻤던 일, 화났던 일, 슬펐던 순간을 모두 적어보는 거예요. 이렇게 감정을 기록하고 바라보는 것은, 마치 내 마음을 거울에 비춰보는 것과 같아요. 감정을 기록하다 보면 그 감정이 왜 생겼는지, 그리고 어떻게 나에게 영향을 미쳤는지를 더 잘 이해할 수 있게 됩니다.

우리가 느끼는 모든 감정은 우리가 살아있다는 증거이고, 우리 자신을 더 깊이 이해할 수 있는 기회를 줍니다. 감정을 살피다 보면 여러분은 자신이 얼마나 다양한 감정을 느끼며 살아가는지를 알게 될 거예요. 그리고 그 과정에서, 여러분은 조금 더 자신에게 친절해지고, 감정을 두려워하기보다는 친구로 받아들이는 법을 배우게 될 거예요.

나의 감정은 나의 일부이고, 모든 감정은 소중합니다. 감정을 인정하고, 그것과 대화하며, 그 안에서 나오는 메시지를 받아들이세요. 오늘도 여러분의 감정을 소중히 여기며, 그 감정이 여러분에게 어떤 이야기를 하고 있는지 들어보세요. 그 모든 감정이 여러분의 성장에 큰 도움이 될 것입니다.

DAY

 오늘의 질문

Q 지금까지 살아온 인생을 영화로 만든다면
   그 영화의 제목은 무엇인가요?

Q 영화의 줄거리는요?

Q 주인공인 당신은 그 영화에서 어떤 사람이에요?

날짜 :　　　　　　　　　　　　날씨 :

감정 😴 ○ ○ ○ 🙂 ○ ○ ○ ○ 😄　　오늘 감정의 이름 :
　　　1　2　3　4　5　6　7　8　9　10

❀ 세상에 하나뿐인 소중한 나를 살피고 챙겨주세요.

(몸챙김)

수면시간 :　　　　　　　　　　　아침메뉴 :

수분섭취 :　　　　　　　　　　　점심메뉴 :

운동 :　　　　　　　　　　　　저녁메뉴 :

영양제 :　　　　　　　　　　　　간식 :

총평 :

(마음챙김)

자기자랑 :

알아차림 :

좋아하는 것 :

☕ 하루를 정리하며 감사한 일들을 찾아보세요.

-
-
-

DAY

 오늘의 질문

Q 투명해질 수 있는 초능력을 지녔다면
   무엇을 하고 싶은가요?

날짜 :   날씨 :

감정 😟 ○ ○ ○ 🙂 ○ ○ ○ ○ 😄   오늘 감정의 이름 :
    1 2 3 4 5 6 7 8 9 10

❀ 세상에 하나뿐인 소중한 나를 살피고 챙겨주세요.

(몸챙김)

수면시간 :   아침메뉴 :
수분섭취 :   점심메뉴 :
　　운동 :   저녁메뉴 :
　영양제 :   　　간식 :
　　총평 :

(마음챙김)

자기자랑 :

알아차림 :

좋아하는 것 :

☕ 하루를 정리하며 감사한 일들을 찾아보세요.

－

－

－

DAY

 23 오늘의 질문

Q 내가 힘들 때 가장 큰 위로가 되는
사람은 누구인가요?

Q 그 사람과의 어떤 순간이
가장 기억에 남나요?

날짜 : 　　　　　　　　　　날씨 :

감정 😣〇〇〇🙂〇〇〇〇😄　오늘 감정의 이름 :
　　 1 2 3 4 5 6 7 8 9 10

❀ 세상에 하나뿐인 소중한 나를 살피고 챙겨주세요.

(몸챙김)

수면시간 : 　　　　　　　　　아침메뉴 :
수분섭취 : 　　　　　　　　　점심메뉴 :
운동 : 　　　　　　　　　　　저녁메뉴 :
영양제 : 　　　　　　　　　　간식 :
총평 :

(마음챙김)

자기자랑 :

알아차림 :

좋아하는 것 :

☕ 하루를 정리하며 감사한 일들을 찾아보세요.

-
-
-

DAY 오늘의 질문

Q 올해 꼭 이루고 싶은 소망은 무엇인가요?

Q 소망을 이루기 위해 내일부터 무엇을 실천해보겠어요?

날짜 :   날씨 :

감정 😞 ○ ○ ○ ○ 😐 ○ ○ ○ ○ 😄   오늘 감정의 이름 :
　　 1　2　3　4　5　6　7　8　9　10

❀ 세상에 하나뿐인 소중한 나를 살피고 챙겨주세요.

몸챙김

수면시간 : _____   아침메뉴 : _____

수분섭취 : _____   점심메뉴 : _____

　　운동 : _____   저녁메뉴 : _____

영양제 : _____   간식 : _____

　　총평 : _____

마음챙김

자기자랑 : _____

_____

알아차림 : _____

_____

좋아하는 것 : _____

☕ 하루를 정리하며 감사한 일들을 찾아보세요.

－

－

－

DAY
 오늘의 질문

Q 무인도에 갈 때 가져가고 싶은 것
   3가지는 무엇인가요?

날짜 :   날씨 :

감정 😫 ○ ○ ○ ○ 🙂 ○ ○ ○ ○ 😄   오늘 감정의 이름 :
    1 2 3 4 5 6 7 8 9 10

❀ 세상에 하나뿐인 소중한 나를 살피고 챙겨주세요.

(몸챙김)

수면시간 : ....   아침메뉴 : ....
수분섭취 : ....   점심메뉴 : ....
　　운동 : ....   저녁메뉴 : ....
　영양제 : ....   　　간식 : ....
　　총평 : ....

(마음챙김)

자기자랑 : ....
....
알아차림 : ....
....
좋아하는 것 : ....

☕ 하루를 정리하며 감사한 일들을 찾아보세요.

－
－
－

DAY 오늘의 질문

Q 당신의 롤모델은 누구인가요?

Q 그 이유는요?

Q 당신과 롤모델의 공통점은 무엇인가요?

날짜 :   날씨 :

감정 😟○○○○😐○○○○😄   오늘 감정의 이름 :
　　 1 2 3 4 5 6 7 8 9 10

❀ 세상에 하나뿐인 소중한 나를 살피고 챙겨주세요.

(몸챙김)

수면시간 :	아침메뉴 :
수분섭취 :	점심메뉴 :
운동 :	저녁메뉴 :
영양제 :	간식 :
총평 :	

(마음챙김)

자기자랑 :

알아차림 :

좋아하는 것 :

☕ 하루를 정리하며 감사한 일들을 찾아보세요.

－

－

－

DAY 27 오늘의 질문

Q 나만의 스트레스 해소 방법은 무엇인가요?

날짜 :   날씨 :

감정 😢 ○ ○ ○ ○ ☺ ○ ○ ○ ○ 😄   오늘 감정의 이름 :
　　 1 2 3 4 5 6 7 8 9 10

❀ 세상에 하나뿐인 소중한 나를 살피고 챙겨주세요.

(몸챙김)

수면시간 :   아침메뉴 :

수분섭취 :   점심메뉴 :

　 운동 :   저녁메뉴 :

영양제 :   간식 :

　 총평 :

(마음챙김)

자기자랑 :

알아차림 :

좋아하는 것 :

☕ 하루를 정리하며 감사한 일들을 찾아보세요.

-

-

-

DAY

 28 오늘의 질문

Q 요정 지니에게 3가지 소원을 빈다면 무엇을 빌고 싶은가요?

날짜 :　　　　　　　　　　　　　날씨 :

감정 😣○○○○😐○○○○😁　　오늘 감정의 이름 :
　　　1　2　3　4　5　6　7　8　9　10

❀ 세상에 하나뿐인 소중한 나를 살피고 챙겨주세요.

(몸챙김)

수면시간 :	아침메뉴 :
수분섭취 :	점심메뉴 :
운동 :	저녁메뉴 :
영양제 :	간식 :
총평 :	

(마음챙김)

자기자랑 :

알아차림 :

좋아하는 것 :

☕ 하루를 정리하며 감사한 일들을 찾아보세요.

－
－
－

DAY

 감정발견

1. 최근 1주일 동안 주로 느꼈던 감정은 무엇인지 3가지를 찾아서 체크해주세요.

희망 기쁨 사랑 감동 행복 흥분 설렘 만족 뿌듯함 즐거움	7층 —
감사 자부심 충족 여유 편안함 자신감 안정감 신뢰 안도 호기심	6층 —
기대 친밀감 낙관 존경 따뜻함 편리함 열정 활기 용기 영감	5층 —
동경 호감 애정 다정함 친절 소망 꿈 긍정 희열 가벼움	4층 —
공감 열광 유쾌함 차분함 위로 존중 이해 신선함 안정 보람	3층 —
미소 기력 새로움 열망 결단력 개방적 깨어남 성취 집중 결심	2층 —
자극 열정적 가슴 벅참 희망적 용기 긴장감 피로감 부담감 놀람 당혹감	1층 —
의문 걱정 긴장 불확실 불안 의심 회의감 실망 죄책감 혼란	지하 1층 —
괴로움 안타까움 상처 분노 질투 외로움 허탈감 무기력 두려움 절망	지하 2층 —
짜증 답답함 공포 슬픔 고독 한탄 후회 우울 패배감 비탄	지하 3층 —

2. 주로 몇 층에 있었나요?

   _____

3. 그 감정을 느끼게 된 주요 원인은 무엇인가요? (상황, 사람, 또는 환경 중 어떤 요소가 이 감정을 유발했는지 구체적으로 생각해보세요.)

   _____
   _____

날짜 :   날씨 :

감정 😟 ○ ○ ○ ○ 😐 ○ ○ ○ ○ 😀   오늘 감정의 이름 :
     1 2 3 4 5 6 7 8 9 10

✿ 세상에 하나뿐인 소중한 나를 살피고 챙겨주세요.

(몸챙김)

수면시간 :	아침메뉴 :
수분섭취 :	점심메뉴 :
운동 :	저녁메뉴 :
영양제 :	간식 :
총평 :	

(마음챙김)

자기자랑 :

알아차림 :

좋아하는 것 :

☕ 하루를 정리하며 감사한 일들을 찾아보세요.

-
-
-

DAY 30

와우, 30일 동안 스스로와의 약속을 지킨 당신!
한 달이라는 긴 여정을 잘 해냈어요.
뭘 해도 성공하실 분!

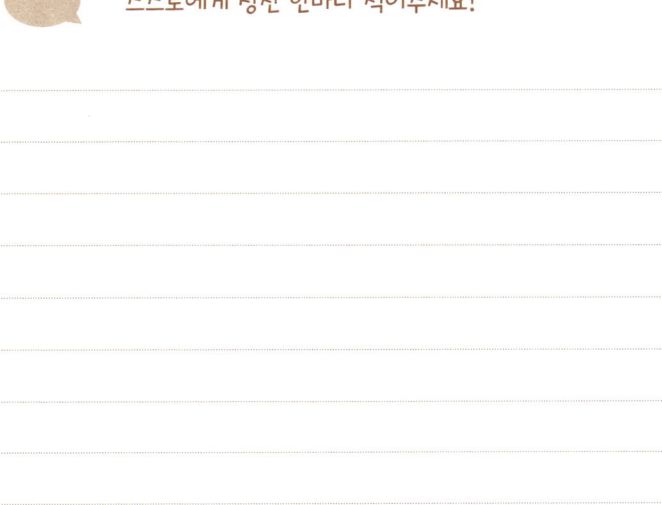 **스스로에게 칭찬 한마디 적어주세요!**

날짜 :   날씨 :

감정 😢 ○ ○ ○ ○ ☺ ○ ○ ○ ○ 😄   오늘 감정의 이름 :
　　 1　2　3　4　5　6　7　8　9　10

❀ 세상에 하나뿐인 소중한 나를 살피고 챙겨주세요.

(몸챙김)

수면시간 : .... 아침메뉴 : ....

수분섭취 : .... 점심메뉴 : ....

운동 : .... 저녁메뉴 : ....

영양제 : .... 간식 : ....

총평 : ....

(마음챙김)

자기자랑 : ....

....

알아차림 : ....

....

좋아하는 것 : ....

☕ 하루를 정리하며 감사한 일들을 찾아보세요.

-

-

-

DAY

 오늘의 질문

Q 유명한 사람과 식사할 기회가 생겼습니다.
그 사람이 누구이길 바라나요?

Q 그 이유는요?

Q 그 분께 물어보고 싶은 질문은요?

날짜 :   날씨 :

감정 😌 ○ ○ ○ ○ 🙂 ○ ○ ○ ○ 😃   오늘 감정의 이름 :
　　1 2 3 4 5 6 7 8 9 10

✿ 세상에 하나뿐인 소중한 나를 살피고 챙겨주세요.

(몸챙김)

수면시간 :   아침메뉴 :

수분섭취 :   점심메뉴 :

　운동 :   저녁메뉴 :

영양제 :   간식 :

　총평 :

(마음챙김)

자기자랑 :

알아차림 :

좋아하는 것 :

☕ 하루를 정리하며 감사한 일들을 찾아보세요.

－

－

－

DAY

 32 오늘의 질문

Q 타임머신을 타고 과거로 갈 수 있다면
   언제로 가고 싶은가요?

Q 그 이유는요?

날짜 :   날씨 :

감정 😟○○○○☺○○○○😄   오늘 감정의 이름 :
   1 2 3 4 5 6 7 8 9 10

❀ 세상에 하나뿐인 소중한 나를 살피고 챙겨주세요.

(몸챙김)

수면시간 :   아침메뉴 :

수분섭취 :   점심메뉴 :

운동 :   저녁메뉴 :

영양제 :   간식 :

총평 :

(마음챙김)

자기자랑 :

알아차림 :

좋아하는 것 :

☕ 하루를 정리하며 감사한 일들을 찾아보세요.

−

−

−

89

DAY

 33 오늘의 질문

Q 지금 당장 어느 곳이든지 날아갈 수 있다면, 어디로 가고 싶은가요?

Q 그 이유는요?

날짜 :   날씨 :

감정 ☹ ○ ○ ○ ○ ☺ ○ ○ ○ ○ 😄   오늘 감정의 이름 :
    1 2 3 4 5 6 7 8 9 10

❀ 세상에 하나뿐인 소중한 나를 살피고 챙겨주세요.

(몸챙김)

수면시간 : _____   아침메뉴 : _____

수분섭취 : _____   점심메뉴 : _____

  운동 : _____   저녁메뉴 : _____

 영양제 : _____   간식 : _____

  총평 : _____

(마음챙김)

 자기자랑 : _____
 _____

 알아차림 : _____
 _____

좋아하는 것 : _____

☕ 하루를 정리하며 감사한 일들을 찾아보세요.

  -

  -

  -

DAY 오늘의 질문

Q 10억 원이 생긴다면
무엇을 하고 싶은가요?

날짜 :   날씨 :

감정 😊 ○ ○ ○ ○ ☺ ○ ○ ○ ○ 😁   오늘 감정의 이름 :
     1 2 3 4 5 6 7 8 9 10

❀ 세상에 하나뿐인 소중한 나를 살피고 챙겨주세요.

(몸챙김)

수면시간 : _____   아침메뉴 : _____

수분섭취 : _____   점심메뉴 : _____

　　운동 : _____   저녁메뉴 : _____

　영양제 : _____   　　간식 : _____

　　총평 : _____

(마음챙김)

자기자랑 : _____
_____

알아차림 : _____
_____

좋아하는 것 : _____

☕ 하루를 정리하며 감사한 일들을 찾아보세요.

－

－

－

93

DAY

 35 오늘의 질문

Q 당신의 이상형은
   어떤 사람인가요?(아주 구체적으로)

날짜 :   날씨 :

감정 😟 ○ ○ ○ ○ 😐 ○ ○ ○ ○ 😄   오늘 감정의 이름 :
　　　1 2 3 4 5 6 7 8 9 10

❀ 세상에 하나뿐인 소중한 나를 살피고 챙겨주세요.

(몸챙김)

수면시간 :　　　　　　　　　　아침메뉴 :

수분섭취 :　　　　　　　　　　점심메뉴 :

　운동 :　　　　　　　　　　　저녁메뉴 :

영양제 :　　　　　　　　　　　 간식 :

　총평 :

(마음챙김)

자기자랑 :

알아차림 :

좋아하는 것 :

☕ 하루를 정리하며 감사한 일들을 찾아보세요.

－

－

－

DAY

 36 오늘의 질문

Q 가장 친한 친구 세 명에 대해서 알려주세요.
각자의 특징은 무엇인가요?

날짜 :					날씨 :

감정 😟 ○ ○ ○ ○ 🙂 ○ ○ ○ ○ 😄		오늘 감정의 이름 :
　　　1　2　3　4　5　6　7　8　9　10

❀ 세상에 하나뿐인 소중한 나를 살피고 챙겨주세요.

몸챙김

수면시간 : 　　　　　　　　　　　아침메뉴 :

수분섭취 : 　　　　　　　　　　　점심메뉴 :

　　운동 : 　　　　　　　　　　　저녁메뉴 :

영양제 : 　　　　　　　　　　　　　간식 :

　　총평 :

마음챙김

자기자랑 :

알아차림 :

좋아하는 것 :

☕ 하루를 정리하며 감사한 일들을 찾아보세요.

-
-
-

DAY

 오늘의 질문

Q 지금까지 함께 일을 하거나 어울렸던 사람 중에 가장 잘 맞았던 파트너는 누구인가요?

Q 어떤 점이 잘 맞았나요?

날짜 :   날씨 :

감정 ☹ ○ ○ ○ ○ ☺ ○ ○ ○ ○ 😄   오늘 감정의 이름 :
　　　1 2 3 4 5 6 7 8 9 10

❀ 세상에 하나뿐인 소중한 나를 살피고 챙겨주세요.

(몸챙김)

수면시간 : ....   아침메뉴 : ....

수분섭취 : ....   점심메뉴 : ....

운동 : ....   저녁메뉴 : ....

영양제 : ....   간식 : ....

총평 : ....

(마음챙김)

자기자랑 : ....
....

알아차림 : ....
....

좋아하는 것 : ....

☕ 하루를 정리하며 감사한 일들을 찾아보세요.

-
-
-

DAY

 오늘의 질문

Q 산타할아버지가 당신에게 깜짝 선물을 주신다면
어떤 걸 받고 싶은가요?

날짜 :   날씨 :

감정 😟○○○○😐○○○○😊   오늘 감정의 이름 :
    1 2 3 4 5 6 7 8 9 10

❀ 세상에 하나뿐인 소중한 나를 살피고 챙겨주세요.

(몸챙김)

수면시간 : ....   아침메뉴 : ....
수분섭취 : ....   점심메뉴 : ....
   운동 : ....   저녁메뉴 : ....
  영양제 : ....   간식 : ....
   총평 : ....

(마음챙김)

자기자랑 : ....
....
알아차림 : ....
....
좋아하는 것 : ....

☕ 하루를 정리하며 감사한 일들을 찾아보세요.

–
–
–

DAY

 ## 감정발견

1. 최근 1주일 동안 주로 느꼈던 감정은 무엇인지 3가지를 찾아서 체크해주세요.

희망 기쁨 사랑 감동 행복 흥분 설렘 만족 뿌듯함 즐거움	7층 —
감사 자부심 충족 여유 편안함 자신감 안정감 신뢰 안도 호기심	6층 —
기대 친밀감 낙관 존경 따뜻함 편리함 열정 활기 용기 영감	5층 —
동경 호감 애정 다정함 친절 소망 꿈 긍정 희열 가벼움	4층 —
공감 열광 유쾌함 차분함 위로 존중 이해 신선함 안정 보람	3층 —
미소 기력 새로움 열망 결단력 개방적 깨어남 성취 집중 결심	2층 —
자극 열정적 가슴 벅참 희망적 용기 긴장감 피로감 부담감 놀람 당혹감	1층 —
의문 걱정 긴장 불확실 불안 의심 회의감 실망 죄책감 혼란	지하 1층 —
괴로움 안타까움 상처 분노 질투 외로움 허탈감 무기력 두려움 절망	지하 2층 —
짜증 답답함 공포 슬픔 고독 한탄 후회 우울 패배감 비탄	지하 3층 —

2. 주로 몇 층에 있었나요?

_____

3. 그 감정을 느끼게 된 주요 원인은 무엇인가요? (상황, 사람, 또는 환경 중 어떤 요소가 이 감정을 유발했는지 구체적으로 생각해보세요.)

_____

_____

날짜 :   날씨 :

감정 😟 ○ ○ ○ ○ 😐 ○ ○ ○ ○ 😄   오늘 감정의 이름 :
　　　1　2　3　4　5　6　7　8　9　10

❀ 세상에 하나뿐인 소중한 나를 살피고 챙겨주세요.

(몸챙김)

수면시간 : _____   아침메뉴 : _____

수분섭취 : _____   점심메뉴 : _____

운동 : _____   저녁메뉴 : _____

영양제 : _____   간식 : _____

총평 : _____

(마음챙김)

자기자랑 : _____
_____

알아차림 : _____
_____

좋아하는 것 : _____

☕ 하루를 정리하며 감사한 일들을 찾아보세요.

-

-

-

103

DAY

40일 동안 한 걸음 한 걸음 쌓아온 당신의 노력이 정말 빛나요!
거의 중간점까지 왔어요.

지금의 열정 그대로 앞으로도 파이팅!

> 스스로에게 칭찬 한마디 적어주세요!

....
....
....
....
....
....
....

날짜 :   날씨 :

감정 😟○○○○☺○○○○😄   오늘 감정의 이름 :
　　1 2 3 4 5 6 7 8 9 10

❀ 세상에 하나뿐인 소중한 나를 살피고 챙겨주세요.

몸챙김

수면시간 :   아침메뉴 :
수분섭취 :   점심메뉴 :
　운동 :   저녁메뉴 :
　영양제 :   　간식 :
　총평 :

마음챙김

자기자랑 :

알아차림 :

좋아하는 것 :

☕ 하루를 정리하며 감사한 일들을 찾아보세요.

-
-
-

긍정적 에너지를 관리해야 하는 이유

삶에도 봄, 여름, 가을, 겨울이 있지요.
사랑하는 사람과의 이별은 언제나 슬프고, 큰일을 앞두면 불안한 게 정상입니다. 하지만, 일시적으로 느끼는 감정과 우리 삶의 행복을 동일시하면 우리 삶은 외부환경에 의해 쉽게 휘둘리게 됩니다.

여러 연구 결과에 따르면, 대체로 부정적인 감정이나 경험이 긍정적인 것보다 더 오래 남고 더 큰 자극으로 작용한다고 해요. 예를 들어 하루 동안 있었던 긍정적인 일들 속에서 사소한 부정적 경험 하나가 우리의 기분을 크게 좌우할 수 있다는 것이지요. 이처럼 부정적 에너지가 강하게 작용하기 때문에 우리는 일상에서 더욱 의식적으로 긍정적인 에너지를 관리하고 쌓아가야 해요.

긍정적 에너지를 지닌 사람들은 부정적 타격에 대한 회복이 빨라요. 그 안에서 교훈을 찾고 성장하는 기회로 삼습니다. 더 불행한 사건이 일어나지 않은 것에 감사하는 힘을 지니고 있으니 앞으로 같은 실수를 반복하지 않기 위해 노력하는 것에 집중할 수 있어요.

긍정적인 에너지를 잘 관리하는 건 건강하고 행복한 삶을 위해 정말 중요한 일이에요. 우리 몸과 마음에 활력이 생기고, 그 에너지가 주변 사람들에게까지도 퍼지거든요.

인간의 긍정성은 타고난 유전자의 영향을 받기도 하지만, 사고훈련으로 충분히 바꿀 수 있습니다.

감사한 일이나 즐거웠던 순간을 떠올리면서 기분이 좋아지는 연습을 하다 보면 내 마음의 안정이 찾아오고, 하루가 한결 편안해질 거예요.

안 좋은 일을 곱씹지 않는 것도 중요해요. 한 번 정도 정리하는 차원이라면 모를까, 계속 생각하거나 누군가에게 말을 전하게 되면 우리 뇌는 좋지 않은 그 일을 더욱 강하게 인식하거든요. 마치 도장을 찍는 것과 같아요.

주변 사람들에게 격려와 지지를 보내고 따뜻하게 대하세요. 나 자신도 더 긍정적으로 변하고, 신뢰할 수 있는 좋은 관계가 쌓일 겁니다.

DAY
 오늘의 질문

Q 나의 가장 큰 강점은 무엇인가요? (최대한 많이)

날짜 :   날씨 :

감정 😵◯◯◯◯☺◯◯◯◯😄   오늘 감정의 이름 :
     1 2 3 4 5 6 7 8 9 10

❀ 세상에 하나뿐인 소중한 나를 살피고 챙겨주세요.

몸챙김

수면시간 : _____   아침메뉴 : _____

수분섭취 : _____   점심메뉴 : _____

    운동 : _____   저녁메뉴 : _____

영양제 : _____   간식 : _____

    총평 : _____

마음챙김

자기자랑 : _____

_____

알아차림 : _____

_____

좋아하는 것 : _____

☕ 하루를 정리하며 감사한 일들을 찾아보세요.

-

-

-

DAY

 오늘의 질문

Q 내가 가장 아끼는 보물 1호는 무엇인가요? (사람은 제외)

Q 그 이유는요?

날짜 :　　　　　　　　　　　　　　날씨 :

감정 😣 ○ ○ ○ ○ 🙂 ○ ○ ○ ○ 😄　　오늘 감정의 이름 :
　　　1　2　3　4　5　6　7　8　9　10

❀ 세상에 하나뿐인 소중한 나를 살피고 챙겨주세요.

(몸챙김)

수면시간 :　　　　　　　　　　　아침메뉴 :

수분섭취 :　　　　　　　　　　　점심메뉴 :

운동 :　　　　　　　　　　　　　저녁메뉴 :

영양제 :　　　　　　　　　　　　간식 :

총평 :

(마음챙김)

자기자랑 :

알아차림 :

좋아하는 것 :

☕ 하루를 정리하며 감사한 일들을 찾아보세요.

-
-
-

DAY

 오늘의 질문

Q 자신 있게 요리할 수 있는
음식은 무엇인가요?

Q 어떻게 잘하게 됐나요?

날짜 :   날씨 :

감정 😢○○○○😐○○○○😄   오늘 감정의 이름 :
　　1 2 3 4 5 6 7 8 9 10

❀ 세상에 하나뿐인 소중한 나를 살피고 챙겨주세요.

몸챙김

수면시간 :	아침메뉴 :
수분섭취 :	점심메뉴 :
운동 :	저녁메뉴 :
영양제 :	간식 :
총평 :	

마음챙김

자기자랑 :

알아차림 :

좋아하는 것 :

☕ 하루를 정리하며 감사한 일들을 찾아보세요.

-
-
-

DAY

 오늘의 질문

Q 내가 살고 싶은 멋진 노후는
어떤 모습인가요?

날짜 :   날씨 :

감정 😣○○○○🙂○○○○😄   오늘 감정의 이름 :
　　 1 2 3 4 5 6 7 8 9 10

❀ 세상에 하나뿐인 소중한 나를 살피고 챙겨주세요.

(몸챙김)

수면시간 :   아침메뉴 :

수분섭취 :   점심메뉴 :

　운동 :   저녁메뉴 :

영양제 :   간식 :

　총평 :

(마음챙김)

자기자랑 :

알아차림 :

좋아하는 것 :

☕ 하루를 정리하며 감사한 일들을 찾아보세요.

-
-
-

DAY

 오늘의 질문

Q 오늘 당신의 마음을 표현하는
한 단어는 무엇인가요?

Q 왜 그렇게 생각하셨나요?

날짜 :　　　　　　　　　　　　날씨 :

감정 😟 ○ ○ ○ ○ 🙂 ○ ○ ○ ○ 😄　　오늘 감정의 이름 :
　　　1　2　3　4　5　6　7　8　9　10

❀ 세상에 하나뿐인 소중한 나를 살피고 챙겨주세요.

몸챙김

수면시간 :　　　　　　　　　　아침메뉴 :

수분섭취 :　　　　　　　　　　점심메뉴 :

운동 :　　　　　　　　　　　　저녁메뉴 :

영양제 :　　　　　　　　　　　간식 :

총평 :

마음챙김

자기자랑 :

알아차림 :

좋아하는 것 :

☕ 하루를 정리하며 감사한 일들을 찾아보세요.

-
-
-

DAY

 46 오늘의 질문

Q 당신이 95세가 되었을 때,
당신 삶에 대해 무엇을 이야기하고 싶을까요?

날짜 :　　　　　　　　　　　　　날씨 :

감정 ☹ ○ ○ ○ ○ ☺ ○ ○ ○ ○ 😁　　오늘 감정의 이름 :
　　　1　2　3　4　5　6　7　8　9　10

❀ 세상에 하나뿐인 소중한 나를 살피고 챙겨주세요.

(몸챙김)

수면시간 : _____　　　아침메뉴 : _____

수분섭취 : _____　　　점심메뉴 : _____

운동 : _____　　　저녁메뉴 : _____

영양제 : _____　　　간식 : _____

총평 : _____

(마음챙김)

자기자랑 : _____
_____

알아차림 : _____
_____

좋아하는 것 : _____

☕ 하루를 정리하며 감사한 일들을 찾아보세요.

－

－

－

DAY
 오늘의 질문

Q 요즘 당신이 열심히 임하고 있는 것은 무엇인가요?

Q 1년간 열심히 지속한다면
   1년 후 당신은 어떤 모습이 되어 있을까요?

Q 그때 당신은 어떤 감정을 느낄까요?

날짜 :   날씨 :

감정 😟 ◯ ◯ ◯ 😐 ◯ ◯ ◯ ◯ 😄   오늘 감정의 이름 :
     1 2 3 4 5 6 7 8 9 10

❀ 세상에 하나뿐인 소중한 나를 살피고 챙겨주세요.

몸챙김

수면시간 :   아침메뉴 :

수분섭취 :   점심메뉴 :

운동 :   저녁메뉴 :

영양제 :   간식 :

총평 :

마음챙김

자기자랑 :

알아차림 :

좋아하는 것 :

☕ 하루를 정리하며 감사한 일들을 찾아보세요.

-
-
-

DAY

 오늘의 질문

Q 지금 이 글을 읽고 있는 곳은 어디인가요?

Q 무엇이 보이나요?

Q 분위기는 어떻고, 무엇이 느껴지나요?

날짜 :   날씨 :

감정 😞 ○ ○ ○ ○ 😐 ○ ○ ○ ○ 😄   오늘 감정의 이름 :
     1 2 3 4 5 6 7 8 9 10

❀ 세상에 하나뿐인 소중한 나를 살피고 챙겨주세요.

몸챙김

수면시간 :   아침메뉴 :
수분섭취 :   점심메뉴 :
  운동 :   저녁메뉴 :
영양제 :   간식 :
  총평 :

마음챙김

자기자랑 :

알아차림 :

좋아하는 것 :

☕ 하루를 정리하며 감사한 일들을 찾아보세요.

-
-
-

DAY

 감정발견

1. 최근 1주일 동안 주로 느꼈던 감정은 무엇인지 3가지를 찾아서 체크해주세요.

희망 기쁨 사랑 감동 행복 흥분 설렘 만족 뿌듯함 즐거움	7층
감사 자부심 충족 여유 편안함 자신감 안정감 신뢰 안도 호기심	6층
기대 친밀감 낙관 존경 따뜻함 편리함 열정 활기 용기 영감	5층
동경 호감 애정 다정함 친절 소망 꿈 긍정 희열 가벼움	4층
공감 열광 유쾌함 차분함 위로 존중 이해 신선함 안정 보람	3층
미소 기력 새로움 열망 결단력 개방적 깨어남 성취 집중 결심	2층
자극 열정적 가슴 벅참 희망적 용기 긴장감 피로감 부담감 놀람 당혹감	1층
의문 걱정 긴장 불확실 불안 의심 회의감 실망 죄책감 혼란	지하 1층
괴로움 안타까움 상처 분노 질투 외로움 허탈감 무기력 두려움 절망	지하 2층
짜증 답답함 공포 슬픔 고독 한탄 후회 우울 패배감 비탄	지하 3층

2. 주로 몇 층에 있었나요?

3. 그 감정을 느끼게 된 주요 원인은 무엇인가요? (상황, 사람, 또는 환경 중 어떤 요소가 이 감정을 유발했는지 구체적으로 생각해보세요.)

날짜 :　　　　　　　　　　　　날씨 :

감정 😫 ○ ○ ○ ○ 😐 ○ ○ ○ ○ 😊　　오늘 감정의 이름 :
　　　1　2　3　4　5　6　7　8　9　10

❀ 세상에 하나뿐인 소중한 나를 살피고 챙겨주세요.

(몸챙김)

수면시간 :	아침메뉴 :
수분섭취 :	점심메뉴 :
운동 :	저녁메뉴 :
영양제 :	간식 :
총평 :	

(마음챙김)

자기자랑 :

알아차림 :

좋아하는 것 :

☕ 하루를 정리하며 감사한 일들을 찾아보세요.

－

－

－

DAY

50일 완주 축하합니다! 정말 대단해요!
여기까지 오느라 얼마나 많은 노력이 있었는지
잘 알고 있어요.

이제 더 큰 에너지로 다음 절반을 향해 출발해요!

스스로에게 칭찬 한마디 적어주세요!

날짜 :　　　　　　　　　　　날씨 :

감정 ◯◯◯◯◯◯◯◯◯◯　오늘 감정의 이름 :
　　1　2　3　4　5　6　7　8　9　10

❀ 세상에 하나뿐인 소중한 나를 살피고 챙겨주세요.

(몸챙김)

수면시간 :　　　　　　　　　　아침메뉴 :

수분섭취 :　　　　　　　　　　점심메뉴 :

운동 :　　　　　　　　　　　　저녁메뉴 :

영양제 :　　　　　　　　　　　간식 :

총평 :

(마음챙김)

자기자랑 :

알아차림 :

좋아하는 것 :

☕ 하루를 정리하며 감사한 일들을 찾아보세요.

-
-
-

이 순간에 집중하기

우리는 하루에도 수많은 생각에 휩싸입니다. 생각은 마치 구름과 같아요. 그냥 흘러가도록 둬야 합니다. 굳이 붙잡는다고 해서 문제가 해결되는 경우는 드물지요. 그저 온종일 켜둔 TV처럼 내 머리만 뜨겁게 달아오를 뿐입니다.

해야 할 일, 지나간 일, 다가올 일들로 머릿속이 복잡한 우리는 정작 지금, 이 순간을 놓치고 살아가곤 합니다. 하루하루가 반복되는 것처럼 느껴질 때일수록 우리는 더더욱 현재에 집중하는 힘을 길러야 해요.

지금 이 순간에 집중하는 것은 단순히 '순간을 즐겨야 한다'는 의미를 넘어서, 나의 모든 감각을 이 순간에 두는 것을 의미해요. 마치 차를 한 모금 마실 때 그 향과 따뜻함에 집중하거나, 산책을 할 때 발밑의 땅을 느끼고 바람을 느끼는 것처럼 말이지요. 아무리 사소해 보이는 순간이라도 온전히 그 안에 있을 때 우리는 그 순간의 소중함을 비로소 알게 됩니다. 이렇게 현재에 집중하면 나의 마음이 차분해지고, 순간 속에서 작은 기쁨을 더 많이 발견할 수 있어요.

때로는 과거에 했던 선택이나 실수를 떠올리며 후회하거나, 미래의 일 때문에 불안할 때도 있어요. 그럴 때면 다시 '지금 여기'로 돌아오는 연습을 해보세요.

숨을 깊이 들이쉬고, 주변을 천천히 둘러보며 현재에 집중해보는 거예요. 나를 둘러싼 공기, 빛, 소리, 그리고 내 몸의 감각에 집중하면 마음이 한결 편안해지고, 지나간 일과 다가올 일에 대한 걱정이 서서히 줄어듭니다.

현재에 머무는 힘은 불안을 줄이고, 마음의 평온을 찾게 해줍니다. 그러고 나면 지금 내가 할 수 있는 일에 자연스레 집중하게 됩니다.

지금 여기에 있는 나 자신을 느끼고, 매 순간을 온전히 경험하면서 하루하루를 살아가 보세요. 지금 이 순간의 소중함을 알아가는 그 시간들이 우리 삶을 더 의미 있게 만들어 줄 거예요.

DAY

 오늘의 질문

Q 자신이 사랑받고 있다고
   느낄 때는 언제인가요?

날짜 :   날씨 :

감정 😐○○○○☺○○○○😀   오늘 감정의 이름 :
　　1 2 3 4 5 6 7 8 9 10

❀ 세상에 하나뿐인 소중한 나를 살피고 챙겨주세요.

(몸챙김)

수면시간 : ....   아침메뉴 : ....
수분섭취 : ....   점심메뉴 : ....
　　운동 : ....   저녁메뉴 : ....
　영양제 : ....   　간식 : ....
　　총평 : ....

(마음챙김)

자기자랑 : ....
....

알아차림 : ....
....

좋아하는 것 : ....

☕ 하루를 정리하며 감사한 일들을 찾아보세요.

-
-
-

DAY

 오늘의 질문

Q 지금 당장, 당신 스스로에게 선물을 준다면
어떤 선물을 주고 싶은가요?

Q 그 이유는요?

날짜 :   날씨 :

감정 😢 ○ ○ ○ ☺ ○ ○ ○ ○ 😄   오늘 감정의 이름 :
　　1　2　3　4　5　6　7　8　9　10

❀ 세상에 하나뿐인 소중한 나를 살피고 챙겨주세요.

(몸챙김)

수면시간 :   아침메뉴 :

수분섭취 :   점심메뉴 :

운동 :   저녁메뉴 :

영양제 :   간식 :

총평 :

(마음챙김)

자기자랑 :

알아차림 :

좋아하는 것 :

☕ 하루를 정리하며 감사한 일들을 찾아보세요.

-
-
-

DAY 53 오늘의 질문

Q 당신이 가장 존경하는 사람은 누구인가요?

Q 존경하는 사람들의 공통점이나 특징은 뭔가요?

날짜 :   날씨 :

감정 😞○○○○😐○○○○😁   오늘 감정의 이름 :
     1 2 3 4 5 6 7 8 9 10

❀ 세상에 하나뿐인 소중한 나를 살피고 챙겨주세요.

(몸챙김)

수면시간 : ....   아침메뉴 : ....

수분섭취 : ....   점심메뉴 : ....

운동 : ....   저녁메뉴 : ....

영양제 : ....   간식 : ....

총평 : ....

(마음챙김)

자기자랑 : ....
....

알아차림 : ....
....

좋아하는 것 : ....

☕ 하루를 정리하며 감사한 일들을 찾아보세요.

-

-

-

DAY

 오늘의 질문

Q 훗날 당신은 당신의 자손과 사람들에게
어떤 사람으로 기억되고 싶은가요?

날짜 :　　　　　　　　　　　　　날씨 :

감정 😣 ○ ○ ○ ○ ☺ ○ ○ ○ ○ 😄　　오늘 감정의 이름 :
　　　 1　2　3　4　5　6　7　8　9　10

❀ 세상에 하나뿐인 소중한 나를 살피고 챙겨주세요.

(몸챙김)

수면시간 :　　　　　　　　　　　아침메뉴 :

수분섭취 :　　　　　　　　　　　점심메뉴 :

운동 :　　　　　　　　　　　　　저녁메뉴 :

영양제 :　　　　　　　　　　　　간식 :

총평 :

(마음챙김)

자기자랑 :

알아차림 :

좋아하는 것 :

☕ 하루를 정리하며 감사한 일들을 찾아보세요.

-
-
-

DAY 오늘의 질문

Q 인생을 살면서 가장 힘들었던
　순간은 언제였나요?

Q 어떻게 극복했나요?

Q 그 경험으로 얻은 지혜는 무엇인가요?

날짜 :   날씨 :

감정 😒○○○○☺○○○○😄   오늘 감정의 이름 :
　　1 2 3 4 5 6 7 8 9 10

❀ 세상에 하나뿐인 소중한 나를 살피고 챙겨주세요.

(몸챙김)

수면시간 :　　　　　　　　　　　아침메뉴 :
수분섭취 :　　　　　　　　　　　점심메뉴 :
　운동 :　　　　　　　　　　　　저녁메뉴 :
영양제 :　　　　　　　　　　　　　간식 :
　총평 :

(마음챙김)

자기자랑 :

알아차림 :

좋아하는 것 :

☕ 하루를 정리하며 감사한 일들을 찾아보세요.

-
-
-

DAY

 56 오늘의 질문

Q 살면서 최고로 잘한
   선택은 무엇인가요?

Q 그 이유는요?

날짜 :   날씨 :

감정 😟 ○ ○ ○ ○ 😐 ○ ○ ○ ○ 😄   오늘 감정의 이름 :
     1 2 3 4 5 6 7 8 9 10

❀ 세상에 하나뿐인 소중한 나를 살피고 챙겨주세요.

(몸챙김)

수면시간 :	아침메뉴 :
수분섭취 :	점심메뉴 :
운동 :	저녁메뉴 :
영양제 :	간식 :
총평 :	

(마음챙김)

자기자랑 :

알아차림 :

좋아하는 것 :

☕ 하루를 정리하며 감사한 일들을 찾아보세요.

-
-
-

DAY

 57 오늘의 질문

Q 스스로 멋지다고 느꼈던 적은 언제인가요?

Q 그 이유는요?

날짜 :   날씨 :

감정 😆 ○ ○ ○ ○ 🙂 ○ ○ ○ ○ 😄   오늘 감정의 이름 :
　　　1　2　3　4　5　6　7　8　9　10

❀ 세상에 하나뿐인 소중한 나를 살피고 챙겨주세요.

(몸챙김)

수면시간 :　　　　　　　　　　　　아침메뉴 :

수분섭취 :　　　　　　　　　　　　점심메뉴 :

　　운동 :　　　　　　　　　　　　저녁메뉴 :

　영양제 :　　　　　　　　　　　　　간식 :

　　총평 :

(마음챙김)

자기자랑 :

알아차림 :

좋아하는 것 :

☕ 하루를 정리하며 감사한 일들을 찾아보세요.

-
-
-

DAY

 오늘의 질문

Q 10년 후의 나는 오늘의 나에게
어떤 말을 해줄 것 같은가요?

날짜 :　　　　　　　　　　　　날씨 :

감정 😀 ○ ○ ○ ○ 🙂 ○ ○ ○ ○ 😄　　오늘 감정의 이름 :
　　　1　2　3　4　5　6　7　8　9　10

❀ 세상에 하나뿐인 소중한 나를 살피고 챙겨주세요.

몸챙김

수면시간 :　　　　　　　　　　　아침메뉴 :

수분섭취 :　　　　　　　　　　　점심메뉴 :

　　운동 :　　　　　　　　　　　저녁메뉴 :

　영양제 :　　　　　　　　　　　　간식 :

　　총평 :

마음챙김

　자기자랑 :

　알아차림 :

좋아하는 것 :

☕ 하루를 정리하며 감사한 일들을 찾아보세요.

-
-
-

DAY

감정발견

1. 최근 1주일 동안 주로 느꼈던 감정은 무엇인지 3가지를 찾아서 체크해주세요.

희망 기쁨 사랑 감동 행복 흥분 설렘 만족 뿌듯함 즐거움	7층 —
감사 자부심 충족 여유 편안함 자신감 안정감 신뢰 안도 호기심	6층 —
기대 친밀감 낙관 존경 따뜻함 편리함 열정 활기 용기 영감	5층 —
동경 호감 애정 다정함 친절 소망 꿈 긍정 희열 가벼움	4층 —
공감 열광 유쾌함 차분함 위로 존중 이해 신선함 안정 보람	3층 —
미소 기력 새로움 열망 결단력 개방적 깨어남 성취 집중 결심	2층 —
자극 열정적 가슴 벅참 희망적 용기 긴장감 피로감 부담감 놀람 당혹감	1층 —
의문 걱정 긴장 불확실 불안 의심 회의감 실망 죄책감 혼란	지하 1층 —
괴로움 안타까움 상처 분노 질투 외로움 허탈감 무기력 두려움 절망	지하 2층 —
짜증 답답함 공포 슬픔 고독 한탄 후회 우울 패배감 비탄	지하 3층 —

2. 주로 몇 층에 있었나요?

_____

3. 그 감정을 느끼게 된 주요 원인은 무엇인가요? (상황, 사람, 또는 환경 중 어떤 요소가 이 감정을 유발했는지 구체적으로 생각해보세요.)

_____

_____

날짜 :   날씨 :

감정 😢○○○○🙂○○○○😄   오늘 감정의 이름 :
     1 2 3 4 5 6 7 8 9 10

❀ 세상에 하나뿐인 소중한 나를 살피고 챙겨주세요.

(몸챙김)

수면시간 :   아침메뉴 :
수분섭취 :   점심메뉴 :
  운동 :   저녁메뉴 :
 영양제 :   간식 :
  총평 :

(마음챙김)

 자기자랑 :

 알아차림 :

좋아하는 것 :

☕ 하루를 정리하며 감사한 일들을 찾아보세요.

-
-
-

DAY 60

60일을 완주하며 당신은 어느새 놀라운 성장을 이루어냈어요!
이 멋진 성실함이야말로 당신의 힘이에요.

앞으로 더 놀라운 변화가 기다리고 있을 거예요.
이 기세로 계속 전진해요!

 스스로에게 칭찬 한마디 적어주세요!

날짜 :   날씨 :

감정 😢○○○○☺○○○○😄   오늘 감정의 이름 :
DAY 1 2 3 4 5 6 7 8 9 10

❀ 세상에 하나뿐인 소중한 나를 살피고 챙겨주세요.

(몸챙김)

수면시간 :   아침메뉴 :

수분섭취 :   점심메뉴 :

운동 :   저녁메뉴 :

영양제 :   간식 :

총평 :

(마음챙김)

자기자랑 :

알아차림 :

좋아하는 것 :

☕ 하루를 정리하며 감사한 일들을 찾아보세요.

-

-

-

온전한 휴식은 나를 위한 배려

쉬어도 쉬어도 피곤하다면, 몸만 지친 게 아닐 겁니다. 온전한 휴식이란 몸과 마음이 모두 재충전될 수 있도록 완전하게 쉬는 상태를 의미해요. 이는 우리가 에너지를 회복하고 스트레스를 완화하며 내면의 평화를 찾는 과정이기도 하지요. 온전한 휴식을 취할 때 우리는 하루 동안 쌓였던 긴장과 피로를 내려놓고, 오롯이 자신에게 집중하는 시간을 갖게 됩니다.

하지만, 바쁜 현대 사회에서 온전한 휴식을 취하기는 쉽지가 않지요. 스마트폰, 컴퓨터, TV 등 다양한 디지털 기기로 끊임없는 자극과 정보를 접하게 돼요. 휴식을 취하려고 할 때도 문자가 오거나 SNS 알림이 뜨면 우리의 뇌가 잠깐의 휴식을 취하기도 전에 다시 활동 상태로 전환됩니다. 우리의 뇌는 전체 에너지의 약 20%를 소비하며, 별다른 활동이 없어도 기본적으로 에너지를 사용합니다. 여기에 자극적인 정보가 계속 들어온다면 뇌는 금세 지칠 수밖에 없는 것이지요.

또한, 바쁜 일정을 소화하다 보면, 진정한 휴식이 필요한 순간조차도 일을 하거나 할 일에 대한 생각을 멈추기 어려워요. 쉴 때조차 '오늘 남은 할 일이 뭐지?'하고 생각하게 되지요. 이렇게 온전히 쉴 수 있는 시간을 만들지 못하다 보니, 휴식이 무의미해지는 경우가 많아요.

'지금 쉬어도 괜찮을까?'라는 생각도 온전한 휴식을 방해해요. 특히 해야 할 일이 쌓여 있을 때는 자리에 앉아 있어도 마음이 불안해지고, 휴식이 불완전하게 느껴지잖아요. 이런 심리적인 부담감이나 죄책감이 휴식의 질을 떨어뜨리고, 충분히 쉬었다는 느낌을 가지기 어렵게 만듭니다.

오늘부터 온전한 휴식을 위한 작은 실천을 해보세요.

* 디지털 디톡스 실천하기
* 짧은 명상과 운동하기
* 자기만의 쉼 공간 만들기
* 편안한 산책하기
* 휴식에 대한 죄책감 버리기

온전한 휴식은 나를 위한 사랑이자 배려예요. 진정으로 쉬는 연습을 꾸준히 해나가다 보면, 우리는 더 건강하고 활력 있는 삶을 살 수 있어요. 지금 이 순간, 나 자신을 위해 온전한 쉼을 선물해보세요.

DAY 오늘의 질문

Q 요즘 나의 가장 큰 고민은 무엇인가요?

Q 똑같은 상황을 겪고 있는 친구나 후배가 있다면
뭐라고 조언해줄 건가요?

날짜 :　　　　　　　　　　　　　날씨 :

감정　😟 ○ ○ ○ ○ 🙂 ○ ○ ○ ○ 😄　　오늘 감정의 이름 :
　　　 1　2　3　4　5　6　7　8　9　10

❀ 세상에 하나뿐인 소중한 나를 살피고 챙겨주세요.

(몸챙김)

수면시간 :　　　　　　　　　　　아침메뉴 :

수분섭취 :　　　　　　　　　　　점심메뉴 :

운동 :　　　　　　　　　　　　　저녁메뉴 :

영양제 :　　　　　　　　　　　　간식 :

총평 :

(마음챙김)

자기자랑 :

알아차림 :

좋아하는 것 :

☕ 하루를 정리하며 감사한 일들을 찾아보세요.

-
-
-

DAY

 62 오늘의 질문

Q 지금보다 10배 더 용기가 있다면
무엇에 도전해보고 싶은가요?

날짜 :　　　　　　　　　　　　날씨 :

감정　😐 ○ ○ ○ ○ 🙂 ○ ○ ○ ○ 😄　　오늘 감정의 이름 :
　　　1　2　3　4　5　6　7　8　9　10

❀ 세상에 하나뿐인 소중한 나를 살피고 챙겨주세요.

몸챙김

수면시간 :　　　　　　　　　　　아침메뉴 :

수분섭취 :　　　　　　　　　　　점심메뉴 :

　　운동 :　　　　　　　　　　　저녁메뉴 :

영양제 :　　　　　　　　　　　　간식 :

　　총평 :

마음챙김

자기자랑 :

알아차림 :

좋아하는 것 :

☕ 하루를 정리하며 감사한 일들을 찾아보세요.

-

-

-

DAY

 63 오늘의 질문

Q 미래의 당신이 크게 성공해서 인터뷰를 하고 있어요.
  당신의 성공비결은 뭐라고 하겠어요?

날짜 :   날씨 :

감정 😫○○○○😐○○○○😄   오늘 감정의 이름 :
　　1　2　3　4　5　6　7　8　9　10

❀ 세상에 하나뿐인 소중한 나를 살피고 챙겨주세요.

(몸챙김)

수면시간 : ....   아침메뉴 : ....
수분섭취 : ....   점심메뉴 : ....
　운동 : ....   저녁메뉴 : ....
영양제 : ....   　간식 : ....
　총평 : ....

(마음챙김)

자기자랑 : ....
....
알아차림 : ....
....
좋아하는 것 : ....

☕ 하루를 정리하며 감사한 일들을 찾아보세요.

-
-
-

DAY

 오늘의 질문

Q 당신은 어떤 상황, 무엇을 할 때
에너지가 채워지나요?

Q 에너지가 채워지는 활동을
한 달에 몇 번 시도하고 있나요?

날짜 :   날씨 :

감정 😟 ○ ○ ○ ○ 😐 ○ ○ ○ ○ 😄   오늘 감정의 이름 :
    1 2 3 4 5 6 7 8 9 10

❀ 세상에 하나뿐인 소중한 나를 살피고 챙겨주세요.

(몸챙김)

수면시간 : _____   아침메뉴 : _____

수분섭취 : _____   점심메뉴 : _____

　　운동 : _____   저녁메뉴 : _____

　영양제 : _____   　　간식 : _____

　　총평 : _____

(마음챙김)

자기자랑 : _____
_____

알아차림 : _____
_____

좋아하는 것 : _____

☕ 하루를 정리하며 감사한 일들을 찾아보세요.

-
-
-

DAY

 65 오늘의 질문

Q 당신을 더욱 성장하고
발전하게 만드는 것은 무엇인가요?

날짜 :   날씨 :

감정 😟 ○ ○ ○ ○ ☺ ○ ○ ○ ○ 😄   오늘 감정의 이름 :
　　 1 2 3 4 5 6 7 8 9 10

❀ 세상에 하나뿐인 소중한 나를 살피고 챙겨주세요.

(몸챙김)

수면시간 :	아침메뉴 :
수분섭취 :	점심메뉴 :
운동 :	저녁메뉴 :
영양제 :	간식 :
총평 :	

(마음챙김)

자기자랑 :

알아차림 :

좋아하는 것 :

☕ 하루를 정리하며 감사한 일들을 찾아보세요.

－
－
－

DAY 오늘의 질문

Q 살면서 가장 큰 성공을 거둔 경험은 무엇인가요?

Q 나를 성공으로 이끌었던 핵심 요인은 무엇인가요?

날짜 :   날씨 :

감정 😔 ○ ○ ○ ○ ☺ ○ ○ ○ ○ 😄   오늘 감정의 이름 :
　　　1 2 3 4 5 6 7 8 9 10

❀ 세상에 하나뿐인 소중한 나를 살피고 챙겨주세요.

(몸챙김)

수면시간 : ....　　아침메뉴 : ....

수분섭취 : ....　　점심메뉴 : ....

　　운동 : ....　　저녁메뉴 : ....

　영양제 : ....　　　간식 : ....

　　총평 : ....

(마음챙김)

자기자랑 : ....
....

알아차림 : ....
....

좋아하는 것 : ....

☕ 하루를 정리하며 감사한 일들을 찾아보세요.

－

－

－

DAY

 오늘의 질문

Q 당신 스스로가 자랑스럽다고 느꼈던
순간은 언제인가요?

Q 그 이유는요?

날짜 :   날씨 :

감정 😟○○○○🙂○○○○😄   오늘 감정의 이름 :
     1 2 3 4 5 6 7 8 9 10

❀ 세상에 하나뿐인 소중한 나를 살피고 챙겨주세요.

(몸챙김)

수면시간 : _____   아침메뉴 : _____

수분섭취 : _____   점심메뉴 : _____

운동 : _____   저녁메뉴 : _____

영양제 : _____   간식 : _____

총평 : _____

(마음챙김)

자기자랑 : _____
_____

알아차림 : _____
_____

좋아하는 것 : _____

☕ 하루를 정리하며 감사한 일들을 찾아보세요.

-

-

-

DAY
 오늘의 질문

Q 오늘의 나를 컬러로 표현한다면 무슨 색일까요?

Q 그 이유는요?

Q 1년 뒤의 나는 어떤 컬러가 되길 바라나요?

Q 그 컬러의 상태나 의미는 어떤 건가요?

날짜 :　　　　　　　　　　　　　날씨 :

감정 😞○○○○🙂○○○○😀　　오늘 감정의 이름 :
　　　1　2　3　4　5　6　7　8　9　10

❀ 세상에 하나뿐인 소중한 나를 살피고 챙겨주세요.

(몸챙김)

수면시간 : _____　　아침메뉴 : _____
수분섭취 : _____　　점심메뉴 : _____
　　운동 : _____　　저녁메뉴 : _____
　영양제 : _____　　　간식 : _____
　　총평 : _____

(마음챙김)

자기자랑 : _____
_____
알아차림 : _____
_____
좋아하는 것 : _____

☕ 하루를 정리하며 감사한 일들을 찾아보세요.

\-
\-
\-

DAY

 감정발견

1. 최근 1주일 동안 주로 느꼈던 감정은 무엇인지 3가지를 찾아서 체크해주세요.

희망 기쁨 사랑 감동 행복 흥분 설렘 만족 뿌듯함 즐거움	7층 —
감사 자부심 충족 여유 편안함 자신감 안정감 신뢰 안도 호기심	6층 —
기대 친밀감 낙관 존경 따뜻함 편리함 열정 활기 용기 영감	5층 —
동경 호감 애정 다정함 친절 소망 꿈 긍정 희열 가벼움	4층 —
공감 열광 유쾌함 차분함 위로 존중 이해 신선함 안정 보람	3층 —
미소 기력 새로움 열망 결단력 개방적 깨어남 성취 집중 결심	2층 —
자극 열정적 가슴 벅참 희망적 용기 긴장감 피로감 부담감 놀람 당혹감	1층 —
의문 걱정 긴장 불확실 불안 의심 회의감 실망 죄책감 혼란	지하 1층 —
괴로움 안타까움 상처 분노 질투 외로움 허탈감 무기력 두려움 절망	지하 2층 —
짜증 답답함 공포 슬픔 고독 한탄 후회 우울 패배감 비탄	지하 3층 —

2. 주로 몇 층에 있었나요?

_____

3. 그 감정을 느끼게 된 주요 원인은 무엇인가요? (상황, 사람, 또는 환경 중 어떤 요소가 이 감정을 유발했는지 구체적으로 생각해보세요.)

_____

_____

날짜 :   날씨 :

감정 ☹ ○ ○ ○ ○ ☺ ○ ○ ○ ○ 😄   오늘 감정의 이름 :
     1 2 3 4 5 6 7 8 9 10

❀ 세상에 하나뿐인 소중한 나를 살피고 챙겨주세요.

(몸챙김)

수면시간 : _____   아침메뉴 : _____

수분섭취 : _____   점심메뉴 : _____

운동 : _____   저녁메뉴 : _____

영양제 : _____   간식 : _____

총평 : _____

(마음챙김)

자기자랑 : _____
_____

알아차림 : _____
_____

좋아하는 것 : _____

☕ 하루를 정리하며 감사한 일들을 찾아보세요.

−

−

−

DAY
70

이제 100일 완주가 눈앞에 보여요.
그동안 쌓아온 열정과 끈기가 얼마나 놀라운 지를
마음껏 자랑해도 좋아요.

남은 여정도 힘차게, 자신 있게!

스스로에게 칭찬 한마디 적어주세요!

날짜 :   날씨 :

감정 😶⭕⭕⭕🙂⭕⭕⭕⭕😀   오늘 감정의 이름 :
　　1　2　3　4　5　6　7　8　9　10

❀ 세상에 하나뿐인 소중한 나를 살피고 챙겨주세요.

(몸챙김)

수면시간 :   아침메뉴 :
수분섭취 :   점심메뉴 :
　　운동 :   저녁메뉴 :
　영양제 :   간식 :
　　총평 :

(마음챙김)

자기자랑 :

알아차림 :

좋아하는 것 :

☕ 하루를 정리하며 감사한 일들을 찾아보세요.

－

－

－

노력의 가치, 내가 변하는 것

최선을 다해 살아간다는 건 정말 멋진 일이에요. 그렇게 노력하다 보면 어느 순간 예상치 못한 멋진 곳에 도착해 있는 자신을 발견할 때가 있지요.

우리는 종종 성공이 인생의 궁극적인 목표라고 생각해요. 하지만 성공의 기준은 사람마다 다르지요. 우리가 진정 소중히 여겨야 할 것은 그 성공을 향해 나아가는 노력의 가치입니다. 노력은 단순히 결과를 얻기 위한 수단이 아니라, 우리를 성장시키고 더 나은 사람으로 만드는 과정이기 때문이에요.

무언가를 꾸준히 해내고자 할 때, 우리는 많은 시간을 들이고 작은 실패와 좌절을 겪기도 해요. 그럼에도 불구하고 계속 노력할 때, 우리는 스스로에 대한 믿음을 쌓게 됩니다. '나는 해낼 수 있어', '이번에는 더 잘할 거야'라는 다짐을 반복하면서 우리는 점점 강해지고, 자신감이 자라나게 되지요. 이 과정에서 성공 여부와는 상관없이 자신을 신뢰하는 법을 배울 수 있습니다. 이 믿음이 앞으로의 도전에 든든한 힘이 되어줄 것입니다.

지금까지의 삶을 한번 돌아보세요. 아마 한 번에 성공했던 순간보다 실패를 하며 조금씩 배워가고 성장한 경험이 더 많이 떠오를 거예요. 이런 경험들이 우리를 더 단단하게 만들어줬을 겁니다. 실패조차도 노력의 일부로 받아들이면, 어떤 상황에서도 쉽게 낙담하지 않고 묵묵히 앞으로 나아갈 힘이 생겨요. 실패도 결국 나를 더 나은 방향으로 이끌어주는 소중한 과정이니까요.

작은 목표를 세우고 그 목표를 향해 한 걸음씩 나아가면, 우리 삶은 점차 주체적이고 의미 있게 변해갑니다. 결과뿐만 아니라 그 과정에서 느끼는 성취감, 그리고 변화해 가는 나를 바라보는 것만으로도 인생이 훨씬 풍요로워지죠. 그러니 목표를 이루기 위한 여정 자체를 즐겨보세요. 꾸준히 살아가며 쌓아온 작은 노력들이 모여 만들어지는 기쁨은 때로 성공보다 더 소중한 가치를 지닙니다.

그러니 '진인사대천명(盡人事待天命)'의 마음으로 내가 할 수 있는 최선을 다해보세요. 무언가를 위해 최선을 다했다는 사실만으로도 마음속에 충만한 무언가가 남을 거예요. 최선을 다한 후의 결과는 하늘에 맡기면 됩니다. 목표를 향해 나아가는 여정을 사랑해보세요. 그 과정 속에서 진정한 나를 만나고, 그 자체로 충분히 가치 있는 인생을 살고 있음을 깨닫게 될 것입니다.

DAY

 오늘의 질문

Q 당신의 인생 드라마 또는 인생 책의
제목은 무엇인가요?

Q 이 드라마나 책에서 가장 기억에 남는
대사나 글은 무엇인가요?

날짜 :   날씨 :

감정 ☹ ○ ○ ○ ○ ☺ ○ ○ ○ ○ 😄   오늘 감정의 이름 :
    1 2 3 4 5 6 7 8 9 10

❀ 세상에 하나뿐인 소중한 나를 살피고 챙겨주세요.

몸챙김

수면시간 :   아침메뉴 :

수분섭취 :   점심메뉴 :

운동 :   저녁메뉴 :

영양제 :   간식 :

총평 :

마음챙김

자기자랑 :

알아차림 :

좋아하는 것 :

☕ 하루를 정리하며 감사한 일들을 찾아보세요.

-
-
-

DAY

 오늘의 질문

Q 나를 활짝 웃게 했던 추억 속 한 장면을 떠올려 보세요.
그 순간을 사진으로 찰칵! 찍어볼게요. 때는 언제인가요?

Q 누구와 함께였나요? 그들의 표정은 어땠나요?

Q 무엇을 하고 있었나요?

Q 그 곳의 분위기와 감정은 어땠나요?

날짜 :   날씨 :

감정 ☹ ○ ○ ○ ○ ☺ ○ ○ ○ ○ 😄   오늘 감정의 이름 :
　　 1 2 3 4 5 6 7 8 9 10

❀ 세상에 하나뿐인 소중한 나를 살피고 챙겨주세요.

(몸챙김)

수면시간 : _____   아침메뉴 : _____

수분섭취 : _____   점심메뉴 : _____

　　운동 : _____   저녁메뉴 : _____

　영양제 : _____   　　간식 : _____

　　총평 : _____

(마음챙김)

자기자랑 : _____
_____

알아차림 : _____
_____

좋아하는 것 : _____

☕ 하루를 정리하며 감사한 일들을 찾아보세요.

-
-
-

DAY 오늘의 질문

Q 좋은 삶이란
무엇이라고 생각하나요?

Q 그런 삶을 쭉 살아간다면 5년 후 당신의 모습은
지금과 무엇이 달라질까요?

날짜 :　　　　　　　　　　　　날씨 :

감정 😟〇〇〇〇🙂〇〇〇〇😄　　오늘 감정의 이름 :
　　1　2　3　4　5　6　7　8　9　10

❀ 세상에 하나뿐인 소중한 나를 살피고 챙겨주세요.

(몸챙김)

수면시간 :　　　　　　　　　　아침메뉴 :

수분섭취 :　　　　　　　　　　점심메뉴 :

운동 :　　　　　　　　　　　　저녁메뉴 :

영양제 :　　　　　　　　　　　간식 :

총평 :

(마음챙김)

자기자랑 :

알아차림 :

좋아하는 것 :

☕ 하루를 정리하며 감사한 일들을 찾아보세요.

－

－

－

DAY

 오늘의 질문

Q 당신이 생각하는
'사랑'의 정의는 무엇인가요?

Q 그 사랑을 위해서
꼭 필요한 것은 무엇인가요?

날짜 :   날씨 :

감정 ☹ ○ ○ ○ ○ ☺ ○ ○ ○ ○ 😄   오늘 감정의 이름 :
　　1　2　3　4　5　6　7　8　9　10

❀ 세상에 하나뿐인 소중한 나를 살피고 챙겨주세요.

(몸챙김)

수면시간 : ....   아침메뉴 : ....
수분섭취 : ....   점심메뉴 : ....
　　운동 : ....   저녁메뉴 : ....
　영양제 : ....   　　간식 : ....
　　총평 : ....

(마음챙김)

자기자랑 : ....
....
알아차림 : ....
....
좋아하는 것 : ....

☕ 하루를 정리하며 감사한 일들을 찾아보세요.

-
-
-

DAY 오늘의 질문

Q 지금의 당신과 5년 전의 당신은
   무엇이 변화되었나요?(인간관계, 일, 상황 모두)

―――――――――――――――――――――――――――――
―――――――――――――――――――――――――――――
―――――――――――――――――――――――――――――
―――――――――――――――――――――――――――――
―――――――――――――――――――――――――――――

Q 앞으로 5년 후의 당신은
   어떤 모습이길 바라나요?

―――――――――――――――――――――――――――――
―――――――――――――――――――――――――――――
―――――――――――――――――――――――――――――
―――――――――――――――――――――――――――――
―――――――――――――――――――――――――――――

날짜 :   날씨 :

감정 😣⚪⚪⚪😐⚪⚪⚪⚪😄   오늘 감정의 이름 :
     1 2 3 4 5 6 7 8 9 10

❀ 세상에 하나뿐인 소중한 나를 살피고 챙겨주세요.

(몸챙김)

수면시간 : ....   아침메뉴 : ....

수분섭취 : ....   점심메뉴 : ....

운동 : ....   저녁메뉴 : ....

영양제 : ....   간식 : ....

총평 : ....

(마음챙김)

자기자랑 : ....

알아차림 : ....

좋아하는 것 : ....

☕ 하루를 정리하며 감사한 일들을 찾아보세요.

-
-
-

DAY

 76 오늘의 질문

Q 나의 자녀가 꼭 닮았으면 하는
나의 특징 3가지는 무엇인가요?

Q 그 이유는요?

날짜 :　　　　　　　　　　날씨 :

감정 😟 ○ ○ ○ ○ 😐 ○ ○ ○ ○ 😄　　오늘 감정의 이름 :
　　 1　2　3　4　5　6　7　8　9　10

❀ 세상에 하나뿐인 소중한 나를 살피고 챙겨주세요.

몸챙김

수면시간 :	아침메뉴 :
수분섭취 :	점심메뉴 :
운동 :	저녁메뉴 :
영양제 :	간식 :
총평 :	

마음챙김

자기자랑 :

알아차림 :

좋아하는 것 :

☕ 하루를 정리하며 감사한 일들을 찾아보세요.

-
-
-

DAY

 77 오늘의 질문

Q 당신이 생각하는 '성공한 삶'이란
어떤 것일까요?

Q 그것을 이루기 위해
필요한 노력 3가지는 무엇일까요?

날짜 :   날씨 :

감정 😖 ○ ○ ○ ○ 😐 ○ ○ ○ ○ 😄   오늘 감정의 이름 :
     1 2 3 4 5 6 7 8 9 10

🌸 세상에 하나뿐인 소중한 나를 살피고 챙겨주세요.

몸챙김

수면시간 :   아침메뉴 :
수분섭취 :   점심메뉴 :
   운동 :   저녁메뉴 :
영양제 :   간식 :
   총평 :

마음챙김

자기자랑 :

알아차림 :

좋아하는 것 :

☕ 하루를 정리하며 감사한 일들을 찾아보세요.

-
-
-

DAY

 78 오늘의 질문

Q 요즘 내가 이루고 싶은
목표는 무엇인가요?

Q 그 분야의 전문가는
나에게 뭐라고 조언해줄 것 같나요?

날짜 :   날씨 :

감정 😟 ○ ○ ○ ○ 😐 ○ ○ ○ ○ 😄   오늘 감정의 이름 :
　　 1　2　3　4　5　6　7　8　9　10

❀ 세상에 하나뿐인 소중한 나를 살피고 챙겨주세요.

(몸챙김)

수면시간 :　　　　　　　　　　　아침메뉴 :

수분섭취 :　　　　　　　　　　　점심메뉴 :

　 운동 :　　　　　　　　　　　저녁메뉴 :

　영양제 :　　　　　　　　　　　　간식 :

　 총평 :

(마음챙김)

자기자랑 :

알아차림 :

좋아하는 것 :

☕ 하루를 정리하며 감사한 일들을 찾아보세요.

-
-
-

DAY

 감정발견

1. 최근 1주일 동안 주로 느꼈던 감정은 무엇인지 3가지를 찾아서 체크해주세요.

희망 기쁨 사랑 감동 행복 흥분 설렘 만족 뿌듯함 즐거움	7층
감사 자부심 충족 여유 편안함 자신감 안정감 신뢰 안도 호기심	6층
기대 친밀감 낙관 존경 따뜻함 편리함 열정 활기 용기 영감	5층
동경 호감 애정 다정함 친절 소망 꿈 긍정 희열 가벼움	4층
공감 열광 유쾌함 차분함 위로 존중 이해 신선함 안정 보람	3층
미소 기력 새로움 열망 결단력 개방적 깨어남 성취 집중 결심	2층
자극 열정적 가슴 벅참 희망적 용기 긴장감 피로감 부담감 놀람 당혹감	1층
의문 걱정 긴장 불확실 불안 의심 회의감 실망 죄책감 혼란	지하 1층
괴로움 안타까움 상처 분노 질투 외로움 허탈감 무기력 두려움 절망	지하 2층
짜증 답답함 공포 슬픔 고독 한탄 후회 우울 패배감 비탄	지하 3층

2. 주로 몇 층에 있었나요?

3. 그 감정을 느끼게 된 주요 원인은 무엇인가요? (상황, 사람, 또는 환경 중 어떤 요소가 이 감정을 유발했는지 구체적으로 생각해보세요.)

날짜 :　　　　　　　　　　　　　날씨 :

감정 😟 ○ ○ ○ ○ 🙂 ○ ○ ○ ○ 😄　　　오늘 감정의 이름 :
　　　1　2　3　4　5　6　7　8　9　10

❀ 세상에 하나뿐인 소중한 나를 살피고 챙겨주세요.

몸챙김

수면시간 :　　　　　　　　　　　아침메뉴 :

수분섭취 :　　　　　　　　　　　점심메뉴 :

운동 :　　　　　　　　　　　　　저녁메뉴 :

영양제 :　　　　　　　　　　　　간식 :

총평 :

마음챙김

자기자랑 :

알아차림 :

좋아하는 것 :

☕ 하루를 정리하며 감사한 일들을 찾아보세요.

-
-
-

DAY 80

80일을 꽉 채우며 끝까지 해내고 있는 당신!
여기까지 오면서 자신에게 했던 약속을
지켜온 모습이 얼마나 멋진지요.

이제 결승선이 바로 코앞이에요.
이 성취를 마음껏 즐기며 마지막까지 파이팅!

스스로에게 칭찬 한마디 적어주세요!

날짜 :　　　　　　　　　　날씨 :

감정 ☹ ○ ○ ○ ○ ☺ ○ ○ ○ ○ 😄　　오늘 감정의 이름 :
　　　1　2　3　4　5　6　7　8　9　10

❀ 세상에 하나뿐인 소중한 나를 살피고 챙겨주세요.

(몸챙김)

수면시간 :　　　　　　　　　　아침메뉴 :

수분섭취 :　　　　　　　　　　점심메뉴 :

운동 :　　　　　　　　　　저녁메뉴 :

영양제 :　　　　　　　　　　간식 :

총평 :

(마음챙김)

자기자랑 :

알아차림 :

좋아하는 것 :

☕ 하루를 정리하며 감사한 일들을 찾아보세요.

－

－

－

나와 결이 맞는 사람

우리는 살아가면서 정말 많은 사람을 만나게 되지요. 그중에는 함께 있으면 마음이 편안하고 힘이 나는 사람이 있는가 하면, 아무리 애써도 어딘가 모르게 맞지 않아서 피곤해지는 사람도 있어요. 그게 꼭 상대가 나빠서 그런 건 아니에요. 단지 나와 결이 다르기 때문이지요.

예를 들어 친구랑 하루 종일 수다를 떨고 왔는데 오히려 기운이 솟고 즐거운 마음이 드는 날이 있지요? 그런 친구는 아마 나와 결이 잘 맞는 사람일 거예요.
결이 맞는 사람과 있을 때 우리는 자연스럽게 편안함과 활력을 느끼며, 시간을 함께하는 것만으로도 서로에게 긍정적인 영향을 줍니다. 반면, 결이 맞지 않는 사람과 함께할 때는 대화나 관계 속에서 어딘가 불편함을 느낄 수 있고, 그로 인해 에너지가 소진되는 것처럼 느껴질 수 있습니다.

이런 경험으로 우리는 자연스럽게 어떤 사람들과 잘 맞고, 어떤 관계에서 에너지를 얻는지 깨닫게 됩니다. 그렇다고 특정 관계에만 치우치라는 뜻은 아니에요. 다양한 사람들을 만나며 서로의 차이를 인정하고 받아들이는 관계를 맺되, 나를 더 깊이 이해하게 하고 성장할 수 있게 돕는, 그리고 서로에게 힘이 되는 관계를 의식적으로 늘려보자는 의미입니다.

서로가 서로에게 배울 점이 되고, 필요할 때 지지해줄 수 있는 관계가 쌓일수록, 우리는 더 큰 힘을 얻고 자신의 길을 더욱 충실히 걸어갈 수 있게 됩니다.

나와 결이 맞는 사람을 만나려면 우선 나 자신이 어떤 사람인지 알아야 해요. 내가 좋아하는 것, 소중히 여기는 가치, 어떤 대화나 활동에서 에너지를 얻는지 스스로 이해하는 것이 중요하지요.

내가 만나온 사람들을 떠올려 보시는 것도 좋은 방법입니다. 어떤 사람들과 함께 일할 때 내가 더 성장하고 발전할 수 있었는지, 그리고 함께 있을 때 서로 시너지가 느껴졌던 사람들은 누구였는지 떠올려 보세요. 이런 성찰은 나와 잘 맞는 사람들을 더 쉽게 알아볼 수 있게 해주며, 앞으로의 관계에서도 더 깊은 이해와 소중한 인연을 만들 수 있게 도와줍니다.

나와 결이 맞는 사람을 찾는 과정은 결국, 나 자신을 깊이 이해하고, 행복한 삶의 기반을 다지는 일입니다.

DAY 오늘의 질문

Q 시간 가는 줄 모르고
즐겁게 몰입했던 적은 언제인가요?

Q 그 이유는요?

날짜 :　　　　　　　　　　　　날씨 :

감정 😥 ○ ○ ○ ○ 🙂 ○ ○ ○ ○ 😄　　오늘 감정의 이름 :
　　　1　2　3　4　5　6　7　8　9　10

❀ 세상에 하나뿐인 소중한 나를 살피고 챙겨주세요.

(몸챙김)

수면시간 :　　　　　　　　　　　아침메뉴 :
수분섭취 :　　　　　　　　　　　점심메뉴 :
　　운동 :　　　　　　　　　　　저녁메뉴 :
　영양제 :　　　　　　　　　　　　간식 :
　　총평 :

(마음챙김)

자기자랑 :

알아차림 :

좋아하는 것 :

☕ 하루를 정리하며 감사한 일들을 찾아보세요.

－
－
－

DAY

 오늘의 질문

Q 10년 전 나를 만난다면, 가장 먼저
   어떤 이야기를 해주고 싶나요? (주식, 코인 빼고)

날짜 :   날씨 :

감정 😵○○○○🙂○○○○😄   오늘 감정의 이름 :
　　 1 2 3 4 5 6 7 8 9 10

❀ 세상에 하나뿐인 소중한 나를 살피고 챙겨주세요.

(몸챙김)

수면시간 : _____   아침메뉴 : _____
수분섭취 : _____   점심메뉴 : _____
　 운동 : _____   저녁메뉴 : _____
영양제 : _____   간식 : _____
　 총평 : _____

(마음챙김)

자기자랑 : _____
_____
알아차림 : _____
_____
좋아하는 것 : _____

☕ 하루를 정리하며 감사한 일들을 찾아보세요.

－

－

－

DAY 오늘의 질문

Q 미래의 나에게 지혜를 빌려온다면,
지금 나에게 어떤 조언을 가장 전해주고 싶을까요?

날짜 :   날씨 :

감정 😫 ○ ○ ○ ○ ☺ ○ ○ ○ ○ 😄   오늘 감정의 이름 :
     1 2 3 4 5 6 7 8 9 10

❀ 세상에 하나뿐인 소중한 나를 살피고 챙겨주세요.

몸챙김

수면시간 : ....   아침메뉴 : ....

수분섭취 : ....   점심메뉴 : ....

운동 : ....   저녁메뉴 : ....

영양제 : ....   간식 : ....

총평 : ....

마음챙김

자기자랑 : ....
....

알아차림 : ....
....

좋아하는 것 : ....

☕ 하루를 정리하며 감사한 일들을 찾아보세요.

-
-
-

DAY

 오늘의 질문

Q 요즘 나를 가장 설레게 하는 것은
무엇인가요?

Q 그 이유는요?

날짜 :   날씨 :

감정 😞 ○ ○ ○ 😐 ○ ○ ○ ○ 😄   오늘 감정의 이름 :
　　　1　2　3　4　5　6　7　8　9　10

❀ 세상에 하나뿐인 소중한 나를 살피고 챙겨주세요.

(몸챙김)

수면시간 :　　　　　　　　　　　　아침메뉴 :
수분섭취 :　　　　　　　　　　　　점심메뉴 :
　운동 :　　　　　　　　　　　　　저녁메뉴 :
영양제 :　　　　　　　　　　　　　　간식 :
　총평 :

(마음챙김)

자기자랑 :

알아차림 :

좋아하는 것 :

☕ 하루를 정리하며 감사한 일들을 찾아보세요.

-
-
-

DAY

 85 오늘의 질문

Q 지금까지 여행지 중에서
가장 좋았던 곳은 어디인가요?

Q 그 곳의 무엇이 가장 좋았나요?

Q 그 곳에서 어떤 기분이 들었나요?

날짜 :   날씨 :

감정 😀〇〇〇〇🙂〇〇〇〇😄   오늘 감정의 이름 :
　　　1　2　3　4　5　6　7　8　9　10

❀ 세상에 하나뿐인 소중한 나를 살피고 챙겨주세요.

(몸챙김)

수면시간 :   아침메뉴 :

수분섭취 :   점심메뉴 :

운동 :   저녁메뉴 :

영양제 :   간식 :

총평 :

(마음챙김)

자기자랑 :

알아차림 :

좋아하는 것 :

☕ 하루를 정리하며 감사한 일들을 찾아보세요.

－

－

－

DAY
 86 오늘의 질문

Q 지금까지 살아오면서
  가장 큰 도전은 무엇인가요?

Q 무엇을 얻었나요?

Q 다시 그때로 돌아간다면 무엇을 바꿔보고 싶은가요?

날짜 :　　　　　　　　　　　　　날씨 :

감정　😟 ○ ○ ○ ○ 😐 ○ ○ ○ ○ 😄　　오늘 감정의 이름 :
　　　1　2　3　4　5　6　7　8　9　10

❀ 세상에 하나뿐인 소중한 나를 살피고 챙겨주세요.

몸챙김

수면시간 :　　　　　　　　　　　아침메뉴 :

수분섭취 :　　　　　　　　　　　점심메뉴 :

운동 :　　　　　　　　　　　　　저녁메뉴 :

영양제 :　　　　　　　　　　　　간식 :

총평 :

마음챙김

자기자랑 :

알아차림 :

좋아하는 것 :

☕ 하루를 정리하며 감사한 일들을 찾아보세요.

-
-
-

DAY 오늘의 질문

Q 최근 당신에게 긍정적인 자극을 준 사람은 누구인가요?

Q 어떤 긍정적 자극을 받았나요?

날짜 :   날씨 :

감정 ☹ ○ ○ ○ ○ ☺ ○ ○ ○ ○ 😄   오늘 감정의 이름 :
　　1　2　3　4　5　6　7　8　9　10

❀ 세상에 하나뿐인 소중한 나를 살피고 챙겨주세요.

(몸챙김)

수면시간 : ....　　아침메뉴 : ....

수분섭취 : ....　　점심메뉴 : ....

　운동 : ....　　저녁메뉴 : ....

영양제 : ....　　　간식 : ....

　총평 : ....

(마음챙김)

자기자랑 : ....
....

알아차림 : ....
....

좋아하는 것 : ....

☕ 하루를 정리하며 감사한 일들을 찾아보세요.

－

－

－

DAY

 오늘의 질문

Q 지금까지 살아오면서 당신의 재능을
   최대한 활용하도록 도와준 사람은 누구인가요?

Q 그때는 언제인가요?

Q 결과는 어땠나요?

날짜 :　　　　　　　　　　　　　날씨 :

감정　😞 ○ ○ ○ ○ 🙂 ○ ○ ○ ○ 😄　　오늘 감정의 이름 :
　　　1　2　3　4　5　6　7　8　9　10

❀ 세상에 하나뿐인 소중한 나를 살피고 챙겨주세요.

몸챙김

수면시간 :　　　　　　　　　　　아침메뉴 :

수분섭취 :　　　　　　　　　　　점심메뉴 :

　　운동 :　　　　　　　　　　　저녁메뉴 :

　영양제 :　　　　　　　　　　　　간식 :

　　총평 :

마음챙김

자기자랑 :

알아차림 :

좋아하는 것 :

☕ 하루를 정리하며 감사한 일들을 찾아보세요.

-
-
-

DAY

 감정발견

1. 최근 1주일 동안 주로 느꼈던 감정은 무엇인지 3가지를 찾아서 체크해주세요.

희망 기쁨 사랑 감동 행복 흥분 설렘 만족 뿌듯함 즐거움	7층
감사 자부심 충족 여유 편안함 자신감 안정감 신뢰 안도 호기심	6층
기대 친밀감 낙관 존경 따뜻함 편리함 열정 활기 용기 영감	5층
동경 호감 애정 다정함 친절 소망 꿈 긍정 희열 가벼움	4층
공감 열광 유쾌함 차분함 위로 존중 이해 신선함 안정 보람	3층
미소 기력 새로움 열망 결단력 개방적 깨어남 성취 집중 결심	2층
자극 열정적 가슴 벅참 희망적 용기 긴장감 피로감 부담감 놀람 당혹감	1층
의문 걱정 긴장 불확실 불안 의심 회의감 실망 죄책감 혼란	지하 1층
괴로움 안타까움 상처 분노 질투 외로움 허탈감 무기력 두려움 절망	지하 2층
짜증 답답함 공포 슬픔 고독 한탄 후회 우울 패배감 비탄	지하 3층

2. 주로 몇 층에 있었나요?

---

3. 그 감정을 느끼게 된 주요 원인은 무엇인가요? (상황, 사람, 또는 환경 중 어떤 요소가 이 감정을 유발했는지 구체적으로 생각해보세요.)

날짜 :　　　　　　　　　　　날씨 :

감정 😟○○○○🙂○○○○😄　　오늘 감정의 이름 :
　　　1　2　3　4　5　6　7　8　9　10

❀ 세상에 하나뿐인 소중한 나를 살피고 챙겨주세요.

(몸챙김)

수면시간 :　　　　　　　　　　　아침메뉴 :
수분섭취 :　　　　　　　　　　　점심메뉴 :
운동 :　　　　　　　　　　　저녁메뉴 :
영양제 :　　　　　　　　　　　간식 :
총평 :

(마음챙김)

자기자랑 :

알아차림 :

좋아하는 것 :

☕ 하루를 정리하며 감사한 일들을 찾아보세요.

-
-
-

DAY

90일의 여정이라니, 당신은 정말 멋져요!
여기까지 오며 스스로에게 믿음을 쌓아올렸어요.

이제 마지막 10일!
지금까지 해온 모든 순간이
당신을 더욱 빛나게 할 거예요.

멋진 피날레를 위해 힘껏 달려요!

스스로에게 칭찬 한마디 적어주세요!

날짜 :   날씨 :

감정 😟 ○ ○ ○ ○ 🙂 ○ ○ ○ ○ 😄   오늘 감정의 이름 :
     1 2 3 4 5 6 7 8 9 10

❀ 세상에 하나뿐인 소중한 나를 살피고 챙겨주세요.

(몸챙김)

수면시간 : _____   아침메뉴 : _____
수분섭취 : _____   점심메뉴 : _____
운동 : _____   저녁메뉴 : _____
영양제 : _____   간식 : _____
총평 : _____

(마음챙김)

자기자랑 : _____
_____

알아차림 : _____
_____

좋아하는 것 : _____

☕ 하루를 정리하며 감사한 일들을 찾아보세요.

-
-
-

215

습관의 힘을 믿으세요

우리는 종종 큰 목표를 세우고 빠르게 성장하고 싶어해요. 하지만 큰 변화를 시도하면 오히려 부담이 되어 쉽게 지치기 쉬워요. 큰 목표도 중요하지만, 그것을 이루기 위해서는 작은 습관의 힘을 믿는 것이 필요해요.

습관이란 우리가 매일 반복하는 작은 행동들이 쌓여 만들어진 힘입니다. 처음에는 별거 아닌 것처럼 보이지만, 꾸준히 쌓이다 보면 우리 삶에 놀라운 변화를 가져올 수 있지요. 습관의 진짜 힘은 '조금씩, 하지만 꾸준히'에 있습니다.

작은 변화는 거창한 결심이나 준비 없이도 쉽게 시작할 수 있어요. 예를 들어 5분 일찍 일어나기, 하루에 물 한 컵 더 마시기, 하루에 10분씩 책 읽기 같은 간단한 변화들이 있지요. 이처럼 작고 쉬운 습관부터 시작하면 성공 확률이 높아지고, 성취감도 쉽게 쌓입니다.

습관을 만들 때 '습관 버튼'을 만들어 두는 것도 좋은 방법이에요. 평소에 자주 하는 행동에 만들고 싶은 습관을 연결하는 거지요. 예를 들어 의자에서 일어날 때마다 '물 한 잔 마시기' 같은 습관을 붙여두는 거예요. 이렇게 하면 자연스럽게 일상의 행동이 습관으로 이어지게 돼요.

여러 연구에 따르면, 21일 동안 꾸준히 이어가면 습관의 기본 틀이 잡히고, 66일을 넘기면 그 변화가 일상의 일부가 되어 자연스럽게 지속될 가능성이 높아진다고 해요.

하루 중 작은 변화를 위해 노력할 때마다 스스로에게 "나는 오늘도 성장하고 있어"라고 말해보세요. 그럼 자신에 대한 믿음과 애정이 커지고, 긍정적인 에너지도 함께 자라날 거예요.

DAY

 91 오늘의 질문

Q 긴장될 때 내 마음을 편안하게 만드는
나만의 방법은 무엇인가요?

날짜 :   날씨 :

감정 😟 ○ ○ ○ ○ 🙂 ○ ○ ○ ○ 😄   오늘 감정의 이름 :
    1 2 3 4 5 6 7 8 9 10

❀ 세상에 하나뿐인 소중한 나를 살피고 챙겨주세요.

몸챙김

수면시간 :   아침메뉴 :

수분섭취 :   점심메뉴 :

운동 :   저녁메뉴 :

영양제 :   간식 :

총평 :

마음챙김

자기자랑 :

알아차림 :

좋아하는 것 :

☕ 하루를 정리하며 감사한 일들을 찾아보세요.

-

-

-

DAY

 오늘의 질문

Q 지금 당신에게
가장 필요한 것은 무엇인가요?

Q 그것이 있다면 무엇이 달라지나요?

Q 그것을 갖기 위해
내일 당장 할 수 있는 것은 무엇인가요?

날짜 :　　　　　　　　　　　　날씨 :

감정　😊 ○ ○ ○ ○ ○ ○ ○ ○ 😃　　오늘 감정의 이름 :
　　　1　2　3　4　5　6　7　8　9　10

❀ 세상에 하나뿐인 소중한 나를 살피고 챙겨주세요.

(몸챙김)

수면시간 :	아침메뉴 :
수분섭취 :	점심메뉴 :
운동 :	저녁메뉴 :
영양제 :	간식 :
총평 :	

(마음챙김)

자기자랑 :

알아차림 :

좋아하는 것 :

☕ 하루를 정리하며 감사한 일들을 찾아보세요.

－

－

－

DAY

93 오늘의 질문

Q 다시 아이가 된다면
시도해 보고 싶은 일은 무엇인가요?

날짜 :　　　　　　　　　　　　날씨 :

감정 😫 ○ ○ ○ ○ 😐 ○ ○ ○ ○ 😄　　오늘 감정의 이름 :
　　　1　2　3　4　5　6　7　8　9　10

❀ 세상에 하나뿐인 소중한 나를 살피고 챙겨주세요.

몸챙김

수면시간 :　　　　　　　　　　아침메뉴 :

수분섭취 :　　　　　　　　　　점심메뉴 :

운동 :　　　　　　　　　　　　저녁메뉴 :

영양제 :　　　　　　　　　　　간식 :

총평 :

마음챙김

자기자랑 :

알아차림 :

좋아하는 것 :

☕ 하루를 정리하며 감사한 일들을 찾아보세요.

－

－

－

DAY 오늘의 질문

Q 한 달간 여행을 간다면
어디로 떠나고 싶은가요? (구체적인 장소)

Q 그 이유는요?

Q 도착한 첫날엔 무엇을 하고 싶은가요?

Q 원하는 장소에서 한 달 여행을 마무리하는 날엔
어떤 감정이 느껴질까요?

날짜 :					날씨 :

감정 😐 ○ ○ ○ 🙂 ○ ○ ○ ○ 😄		오늘 감정의 이름 :
　　　1　2　3　4　5　6　7　8　9　10

❀ 세상에 하나뿐인 소중한 나를 살피고 챙겨주세요.

(몸챙김)

수면시간 :					아침메뉴 :

수분섭취 :					점심메뉴 :

　　운동 :					저녁메뉴 :

　영양제 :					　간식 :

　　총평 :

(마음챙김)

　자기자랑 :

　알아차림 :

좋아하는 것 :

☕ 하루를 정리하며 감사한 일들을 찾아보세요.

－

－

－

DAY

 95 오늘의 질문

Q 어린 시절의 당신이
가장 잘하던 것은 무엇이었나요?

날짜 :   날씨 :

감정 😌○○○○🙂○○○○😄   오늘 감정의 이름 :
    1 2 3 4 5 6 7 8 9 10

❀ 세상에 하나뿐인 소중한 나를 살피고 챙겨주세요.

(몸챙김)

수면시간 : _____   아침메뉴 : _____
수분섭취 : _____   점심메뉴 : _____
   운동 : _____   저녁메뉴 : _____
 영양제 : _____   간식 : _____
   총평 : _____

(마음챙김)

 자기자랑 : _____
           _____
 알아차림 : _____
           _____
좋아하는 것 : _____

☕ 하루를 정리하며 감사한 일들을 찾아보세요.

-
-
-

DAY

 오늘의 질문

Q 나의 일상에서 작은 행복을 느끼게 하는 일이나 사람은 누구인가요? (최대한 많이 적어주세요)

날짜 :　　　　　　　　　　　날씨 :

감정 😟○○○○🙂○○○○😊　　오늘 감정의 이름 :
　　　1　2　3　4　5　6　7　8　9　10

❀ 세상에 하나뿐인 소중한 나를 살피고 챙겨주세요.

(몸챙김)

수면시간 : 　　　　　　　　　아침메뉴 :
수분섭취 : 　　　　　　　　　점심메뉴 :
운동 : 　　　　　　　　　　　저녁메뉴 :
영양제 : 　　　　　　　　　　간식 :
총평 :

(마음챙김)

자기자랑 :

알아차림 :

좋아하는 것 :

☕ 하루를 정리하며 감사한 일들을 찾아보세요.

－
－
－

DAY

97 오늘의 질문

Q 내가 최근 성장했다고 느꼈던
    순간은 언제인가요?

Q 어떤 변화가 있었나요?

날짜 :   날씨 :

감정 😟 ○ ○ ○ ○ 🙂 ○ ○ ○ ○ 😄   오늘 감정의 이름 :
　　 1　2　3　4　5　6　7　8　9　10

❀ 세상에 하나뿐인 소중한 나를 살피고 챙겨주세요.

(몸챙김)

수면시간 :   아침메뉴 :

수분섭취 :   점심메뉴 :

　운동 :   저녁메뉴 :

　영양제 :   　간식 :

　총평 :

(마음챙김)

자기자랑 :

알아차림 :

좋아하는 것 :

☕ 하루를 정리하며 감사한 일들을 찾아보세요.

－

－

－

DAY

 98 오늘의 질문

Q 내가 매일 조금씩 실천하고 싶은
긍정적인 습관은 무엇인가요?

Q 그 습관을 1년 동안 꾸준히 실천한다면,
1년 뒤의 나는 어떻게 변화됐을까요?

Q 1년 동안 꾸준히 실천한 미래의 내가
지금의 나에게 어떤 조언을 해줄까요?

날짜 :   날씨 :

감정 😫○○○○☺○○○○😄   오늘 감정의 이름 :
　　1　2　3　4　5　6　7　8　9　10

❀ 세상에 하나뿐인 소중한 나를 살피고 챙겨주세요.

(몸챙김)

수면시간 :　　　　　　　　아침메뉴 :
수분섭취 :　　　　　　　　점심메뉴 :
　운동 :　　　　　　　　　저녁메뉴 :
영양제 :　　　　　　　　　 간식 :
　총평 :

(마음챙김)

자기자랑 :

알아차림 :

좋아하는 것 :

☕ 하루를 정리하며 감사한 일들을 찾아보세요.

－
－
－

DAY

 감정발견

1. 최근 1주일 동안 주로 느꼈던 감정은 무엇인지 3가지를 찾아서 체크해주세요.

희망 기쁨 사랑 감동 행복 흥분 설렘 만족 뿌듯함 즐거움	7층
감사 자부심 충족 여유 편안함 자신감 안정감 신뢰 안도 호기심	6층
기대 친밀감 낙관 존경 따뜻함 편리함 열정 활기 용기 영감	5층
동경 호감 애정 다정함 친절 소망 꿈 긍정 희열 가벼움	4층
공감 열광 유쾌함 차분함 위로 존중 이해 신선함 안정 보람	3층
미소 기력 새로움 열망 결단력 개방적 깨어남 성취 집중 결심	2층
자극 열정적 가슴 벅참 희망적 용기 긴장감 피로감 부담감 놀람 당혹감	1층
의문 걱정 긴장 불확실 불안 의심 회의감 실망 죄책감 혼란	지하 1층
괴로움 안타까움 상처 분노 질투 외로움 허탈감 무기력 두려움 절망	지하 2층
짜증 답답함 공포 슬픔 고독 한탄 후회 우울 패배감 비탄	지하 3층

2. 주로 몇 층에 있었나요?

3. 그 감정을 느끼게 된 주요 원인은 무엇인가요? (상황, 사람, 또는 환경 중 어떤 요소가 이 감정을 유발했는지 구체적으로 생각해보세요.)

날짜 :   날씨 :

감정 ☹ ○ ○ ○ ○ 🙂 ○ ○ ○ ○ 😄   오늘 감정의 이름 :
　　 1 2 3 4 5 6 7 8 9 10

❀ 세상에 하나뿐인 소중한 나를 살피고 챙겨주세요.

(몸챙김)

수면시간 :   아침메뉴 :

수분섭취 :   점심메뉴 :

운동 :   저녁메뉴 :

영양제 :   간식 :

총평 :

(마음챙김)

자기자랑 :

알아차림 :

좋아하는 것 :

☕ 하루를 정리하며 감사한 일들을 찾아보세요.

-

-

-

DAY 100

대망의 100일 완주! 당신이 해냈어요!
이 놀라운 여정을 완성한 당신에게
최고의 찬사를 보냅니다!

처음 시작할 때의 자신과 비교해보세요.
얼마나 성장하고 강해졌는지,
나와 세상을 바라보는 시선이
얼마나 깊어졌는지를 말이지요.

열정과 끈기로 모든 여정을 마친 스스로에게
어떤 멋진 칭찬을 해주시겠어요?

스스로에게 칭찬 한마디 적어주세요!

날짜 :   날씨 :

감정 😣 ◯ ◯ ◯ ◯ ◯ ☺ ◯ ◯ ◯ ◯ 😄   오늘 감정의 이름 :
　　 1　2　3　4　5　6　7　8　9　10

❀ 세상에 하나뿐인 소중한 나를 살피고 챙겨주세요.

몸챙김

수면시간 :　　　　　　　　　　　　아침메뉴 :
수분섭취 :　　　　　　　　　　　　점심메뉴 :
　　운동 :　　　　　　　　　　　　저녁메뉴 :
　영양제 :　　　　　　　　　　　　　간식 :
　　총평 :

마음챙김

자기자랑 :

알아차림 :

좋아하는 것 :

☕ 하루를 정리하며 감사한 일들을 찾아보세요.

-

-

-

당신은 충분히 잘하고 있습니다.

매일 꾸준하게 무언가를 실천한다는 건 결코 쉬운 일이 아닌데, 그 긴 여정을 끝까지 함께 해주셔서 고맙습니다.

처음 시작할 때는 다짐도 하고 설레는 마음도 가득했겠지만, 때로는 바쁘고 지친 하루 속에서 글을 쓰기 위해 마음을 다잡아야 하는 날도 있었을 거예요. 그럼에도 불구하고 여기까지 왔다는 건 정말로 큰 성취입니다.

어쩌면, 글을 쓰는 동안 나도 몰랐던 나의 감정과 생각들을 발견하면서 조금은 놀랐던 순간도 있었을 거예요. 혹은 글을 쓰면서 나를 더 이해하고, 위로하게 된 순간도 있었겠지요. 이렇게 자신을 돌아보는 시간을 꾸준히 가진 것만으로도 당신은 정말로 충분히 잘 해낸 거예요.

이제 매일 쌓아 올린 감정과 생각들, 그 소중한 여정을 돌아보며 스스로에게 '정말 잘 했어'라고 속삭여 주세요. 당신은 그럴 자격이 충분합니다. 앞으로도 자신과 다정하게 인정과 칭찬 대화를 나누면서, 하루하루를 소중히 살아가기를 바랍니다.

이 여정에서 생긴 작은 습관과 깊어진 성찰이 당신의 삶에 오래도록 머물러, 더 단단한 나로 이끌어 가게 될 것입니다.

기억하세요.
당신은 지금도, 앞으로도, 언제나 충분히 잘 해내실 겁니다!

아주 보통의 하루노트

초판 1쇄 인쇄 2025년 1월 7일

지은이　　강혜옥
펴낸곳　　넌참예뻐
펴낸이　　황인원

출판등록번호 310-96-20852
주소　　　04165 서울 마포구 마포대로 15 현대빌딩 909호
전화　　　02-719-2946
팩스　　　02-719-2947
E-mail　　moonk0306@naver.com
홈페이지　www.moonkyung.co.kr

* 책 값은 뒤표지에 있습니다.
* 이 책의 판권은 넌참예뻐에 있습니다.
* 이 책은 저작권법에 따라 보호받는 저작물이므로 무단 복제와 전제를 금지하며, 이 책 내용의 전부 또는 일부를 재사용하려면 반드시 양측의 서면 동의를 받아야 합니다.
* 이미지 : flaticon.com

ISBN 979-11-990544-0-0 03190

넌 참 예뻐는 내면의 아름다움을 끌어올리는 마중물이 되겠습니다.